BUCHMANN

Tomasz Wójcik

POLEN

die wunderschönsten Orte

POLEN die wunderschönsten Orte

Autor
Tomasz Wójcik
www.tomaszwojcik.pl

Tomasz Wójcik
fotograf

Deutsche Übersetzung
Marcin Fidos

Korrektur
Maciej Grelewicz

Layout
Ola Lotterhoff

Umschlaggestaltung und Satz
Olimpia Fudala

ISBN 978-83-61048-51-0

Verlag
Buchmann Sp. z o.o.
ul. Poleczki 9a
02-822 Warszawa
www.buchmann.pl

Druck und Bindung
OZGraf Olsztyńskie Zakłady Graficzne S.A.
ul. Towarowa 2
10-410 Olsztyn

INHALT

ARKADIA IN NIEBOROW

Der Palast in Nieborow wurde zu Beginn des 16. Jahrhunderts als ein gotisch-renaissance Hof errichtet. Ende des 17. Jahrhunderts wurde der Hof vom Kardinal Michał Stefan Radziejowski erworben, der an seiner Stelle ein barockes Gebäude gemäß des Projekts des Architekten Tylman van Gameren erbauen ließ. In den 60-er Jahren des darauf folgenden Jahrhunderts ließ der neue Palastinhaber Michał Kazimierz Ogiński die Innenräume im Rokokostil umbauen. In der Zwischenkriegszeit fungierte der Palast in Nieborow, im Besitz von Janusz Radziwiłł, als Repräsentationsresidenz, in der viele bekannte Politiker zu Gast gewesen sind. Die letzten Besitzer des Palastes wurden nach dem 2. Weltkrieg tief ins Landesinnere der Sowjetunion deportiert.

Ende des 18. Jahrhunderts wurde nahe des Palastes Arkadia ein Garten – im französischen Stil gehalten – angelegt. Seine Gründerin war Helena Radziwiłłowa und der Projektant Szymon Bogumił Zug. Der Name des Ortes knüpft an den antiken Mythos von einem Ort der allgemeinen Zufriedenheit und Schlichtheit bewohnt von Hirten an. Auf dem Parkgelände befinden sich u.a. die Grotte der Sibylle, ein gotisches Häuschen genannt Tempel des Unglücks und der Melancholie, Haus des Murgrabia, ein Aquädukt und der Diana-Tempel mit einer Spiegeldecke (Plafond) – *Jutrzenka (Morgenröte)* angefertigt von Jan Piotr Norblin. Helena Radziwiłł hat eine reiche Kollektion an antiker Kunst als auch an mittelalterlichen und Renaissancedenkmälern angesammelt. Die Mehrheit der Gegenstände stammte aus der Petersburger Sammlung, geschenkt von der Zarin Katarina II., ein Teil von den Ruinen des Primas-Schlosses in Łowicz (deutsch: *Lowitsch*) und aus den Ankäufen und den Austauschen mit anderen Sammlern. Im 18. Jahrhundert sah man Arkadia als einen der schönsten Gärten in ganz Europa an.

1945 wurde in Nieborow und Arkadia ein Museum errichtet. Gegenwärtig kann man in der Residenz die Innenräume, Skulpturen-, Gemälde-, Grafik-, Möbel- und Uhrensammlungen bewundern. Die Aufmerksamkeit verdient ebenfalls die Bibliotheksammlung, die einige Tausend von Altdrucken zählt, unter denen sich der älteste polnische Druck befindet, und zwar *Statut Łaskiego* (erschienen 1506), der die Strophen von *Bogurodzica* enthält (*Bogurodzica* ist das älteste polnische Kirchenlied).

BARANÓW SANDOMIERSKI

Die erste Erwähnung von Barnów reicht bis in die Anfänge des 12. Jahrhunderts. Das Städtchen wurde unweit der Weichselfurt errichtet. Die Stadtrechte erhielt es im Jahre 1354 von Kasimir dem Großen. Sein Name ist höchstwahrscheinlich an die Widderzucht verbunden, die von hiesigen Einwohnern womöglich betrieben wurde. Die günstige Lage am wichtigsten Handelsweg Polens, der Weichsel, verhalf zu einer raschen Entwicklung des Städtchens.

An der Stelle des jetzigen Schlosses stand im Mittelalter eine hölzerne Burg, die der Familie Baranowski aus dem Geschlecht der Grzymała gehörte. Im Jahre 1578 gingen die Gebiete in die Hände der Familie Leszczyński des Wappens Wieniawa über. Es war eines der berühmtesten Geschlechter Polens – Stanisław Leszczyński wurde in der ersten Hälfte des 18. Jahrhunderts zwei Mal zum König der Republik gewählt.

Das Schloss wurde Ende des 16. Jahrhunderts anhand des Entwurfs von Santi Gucci errichtet und gehört zu den schönsten weltlichen Renaissancebauwerken. Die folgenden Nachkommen des Geschlechts Leszczyński bauten die Residenz um, wobei u.a. wertvolle Stukkaturen, angefertigt wahrscheinlich von Giovanni Battista Falconi, hinzugefügt wurden. Große Änderungen vollbrachte Józef Karol Lubomirski, der 1695 Tylman van Gameren mit Renovierungsarbeiten beauftragte. Zwischen zwei Basteien im westlichen Flügel wurde eine auf Arkaden gestützte Gemäldegalerie hinzugebaut, wertvolle Stuckverzierung hinzugefügt und die Schlossfassade modernisiert. 1849 wurde das Schloss samt der Ausstattung bei einem Brand zerstört, seine Besitzer konnten sich den Wiederaufbau nicht leisten. Im Jahre 1867 wurde die Residenz vom Feliks Dolański gekauft, der in einer der Basteien eine Kapelle im Jugendstil einrichten ließ, die mit farbigen Kirchenfenstern von Josef Mehoffer und einem Gemälde von Jacek Malczweski geschmückt wurde.

DIE OSTBESKIDEN

Bieszczady sind eine der meist anmutenden Gebirgsketten auf polnischem Gebiet. Sie sind ein Teil der Karpaten, die sich auf einer Länge von 1300 km strecken. Bieszczady sind ebenfalls ein Gebiet, im geringen Maß vom Menschen verändert, dessen Aura des Geheimnisvollen, dessen Schönheit der Landschaften und Naturwildnis die Menschen anzieht. Im Gebiet von Bieszczady leben u.a. Wölfe, Wisente, Hirsche, Elche, Luchse und Wildkatzen. Schwer zugängliche Gebiete sind eine Herberge für den Braunbären. Den Bestand dieser Tiere schätz man auf 25–30 Stück, was ca. 70% aller wild lebenden Bären in Polen ausmacht. Man vermutet, dass die Anzahl der Luchse ca. 50 Stück beträgt, der Wölfe ca. 100 und der Wisente ca. 40.

Ein charakteristisches Merkmal der Landschaft von Bieszczady sind die Poloninen, d.h. Hochgebirgsweiden, die in einer Höhe von über 1000 m über dem Meeresspiegel auftreten. Die meist besuchten sind Połonina Wetlińska und Połonina Caryńska. Im Pflanzengewand von Bieszczady überwiegen Buchen, die 48% des Waldgebietes bilden. Auf Grund von einzigartigen Naturvorzügen wurde auf dem Gebiet von Bieszczady der Bieszczady-Nationalpark gegründet, der seit 1992 als UNESCO-Biosphärenreservat anerkannt ist.

Bieszczady sind schon immer ein Grenzgebiet gewesen, in dem sich die russichen, polnischen, ukrainischen und ungarischen Einflüsse kreuzten. Nach dem 2. Weltkrieg wurden diese Gebiete aufgrund von Zwangsumsiedlungen der Bevölkerung ins Landesinnere der Sowjetunion und in die nördlichen Gebiete Polens menschenleer.

Zu den interessantesten Denkmälern auf dem Gebiet der Bieszczady gehören zahlreiche hölzerne orthodoxe Kirchen, z.B. in Równia, Łopienka, Baligród, Żłobek, Turzańsk und Rzepedź. Eine Touristenattraktion ist der Solina-Stausee, der nicht nur Segelliebhaber anzieht, sondern auch aufgrund der anmutenden Landschaft andere Touristen anlockt.

BISKUPIN

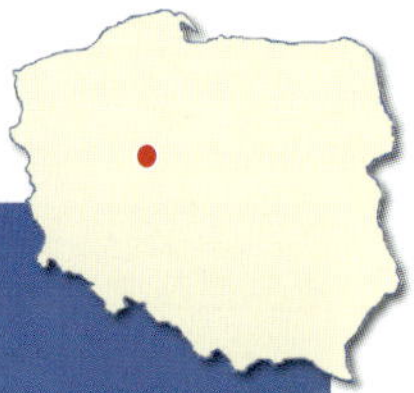

Biskupin ist der in Mitteleuropa meist bekannte archäologische Schutzpark. Die Ausgrabungen wurden 1934 begonnen, nachdem der hiesige Lehrer Walenty Szwajcer von Menschenhand bearbeitete Pfähle, die aus dem See herausragten, entdeckte. Dank der Arbeit der Archäologen wurde die vollkommen erhaltene 2700 Jahre alte Verteidigungssiedlung der Lausitzer Kultur freigelegt. Die in den 30-er Jahren des 20. Jahrhunderts begonnenen Arbeiten waren das größte archäologische Ereignis auf polnischem Gebiet – Biskupin erhielt damals den Namen „polnische Pompei".

Die Verteidigungssiedlung in Biskupin umfasste ein Gebiet von ca. 2 ha. Sie war von einem Erdwall mit einer Länge von 460 m und einer Höhe von ca. 6 m umgeben. Entlang des Walls dehnte sich ein Wellenbrecher aus angespitzten, in einer Reihe angeordneten Baustämmen. Man schätzt, dass zum Bau ca. 20 Tausend Pfähle, d.h. ca. 4 Tausend Bäume verwendet wurden. Zu der Burg konnte man nur von der südwestlichen Seite über eine 250 Meter lange Brücke hingelangen. Die Brücke endete mit einem hölzernen Tor, das über die Erdwalle herausragte. Das 3 m breite Tor diente zum Schutz- und Beobachtungszwecken. Innerhalb der Burg nahe des Tores befand sich ein kleiner Platz – ein Ort für Zusammenkünfte, Kundgebungen und Handelsgeschäfte. Innerhalb des Walls befanden sich 13 parallel erbaute Häuserreihen, deren Anzahl man auf etwa 100 schätzt. Die durchschnittliche Wohnfläche betrug ca. 80 m². Jedes Haus hatte einen Vorraum und eine Wohnstube, in der sich ein Lager und eine Feuerung für die ganze Familie befand. Die Innenräume der Hütten waren südlich gerichtet. In den Häusern bewahrte man Feldfrüchte, Werkzeuge als auch Tiere auf. Jedes Haus wurde von 7 bis 10 Personen bewohnt, so dass die ganze Siedlung 700 bis 1000 Einwohner zählte.

BRIEG

Die ersten geschichtlichen Erwähnungen von Brieg reichen ins Jahr 1234. An der Stelle, an der heute die städtischen Bebauungen emporheben, befand sich eine Markt- und Fischersiedlung, die im Jahre 1248 die Stadtrechte erhielt. Die damals entworfene urbanistische Anordnung des Stadtzentrums ist bis in die Gegenwart erhalten geblieben. Die rasche Entwicklung führte dazu, dass Brieg im Jahre 1311 zur Hauptstadt eines autonomen Herzogtums wurde.

Von der langen und interessanten Geschichte der Stadt zeugen wertvolle Denkmäler. Zu den wichtigsten gehört das Schloss der schlesischen Piasten im Gotik-Renaissance-Stil, das hin und wieder als der Schlesische Wawel bezeichnet wird. Die ersten Erwähnungen über die gotische Burganlage stammen aus dem 13. Jahrhundert. Die Modernisierung der Burg im Renaissance-Stil wurde im Jahre 1532 anhand des Entwurfes der italienischen Architekten Jakob und Franz Parr und Bernard Niuron begonnen. Dieses Bauwerk machte seine Schöpfer europaweit berühmt, so dass sie bald danach ihre Arbeit an anderen Projekten fortsetzten, wie z.B. an dem Königsschloss in Warschau, an dem Schloss Kalmar in Schweden, so wie an dem Königsschloss in Uppsala.

Die Abschlussarbeiten auf dem Schloss in Brieg dauerten bis 1582. Besondere Aufmerksamkeit verdient das Einfahrtstor, das mit wunderschönen Skulpturen, die die Stifter darstellen, und mit Büsten der ersten Piasten und schlesischen Herzöge verziert wurde. In architektonischer Hinsicht wird das Einfahrtstor des Schlosses mit dem wertvollsten Baudenkmal der polnischen Renaissanceepoche, und zwar mit der Sigismundkapelle auf dem Wawel verglichen.

Ein anderes wertvolles Bauwerk der Stadt ist das Rathaus aus dem 16. Jahrhundert. Es wurde von den selben italienischen Architekten entworfen, die das Piasten-Schloss erbauten. Das Bauwerk befindet sich auf dem Stadtmarktplatz und weist eine Anordnungsform eines Hufeisens auf. Über dem Rathaus ragt ein mittelalterlicher Turm empor, der in der Renaissanceepoche modernisiert wurde.

In Brieg befindet sich ebenfalls eine der größten gotischen Basiliken in Schlesien. Die St. Nikolaus Kirche wurde um die Wende des 14. und 15. Jahrhunderts errichtet. In früheren Zeiten besaß die Kirche eine wertvolle hölzerne Ausstattung und prachtvolle Glasmalerei. Leider sind bis heute nur noch einige Fragmente davon erhalten geblieben.

CIECHOCINEK

Ciechocinek ist einer der modernsten und größten Kurorte in Polen. Die Kurstadt liegt an der Weichsel, ca. 20 km südlich von Thorn im sog. Thorner Kessel (Teil des Thorn-Eberswalder Urstromtales). Das Gebiet kennzeichnet sich durch geringe Regenfälle, hohe Durchschnittstemperatur und hohe Anzahl an sonnigen Tagen im Jahr. Die Anfänge des Kurortes reichen in die erste Hälfte des 19. Jahrhunderts, als man die Gewinnung der hiesigen Sole im großen Maßstab begann. In den Jahren 1824–1830 wurden die ersten Gradierwerke und die Salzsiederei errichtet. Sechs Jahre später wurden die Solen für gesundheitliche Zwecke kommerziell genutzt. 1867 erhielt Ciechocinek eine Eisenbahnverbindung, wodurch die Anzahl der Kurbesucher beträchtlich anstieg. Die Stadt begann sich dynamisch zu entwickeln – es entstanden Hotels, Gasthäuser, Trinkhallen, Cafés und Parks.

Die Solelagerstätte in Ciechocinek hat außergewöhnliche Heileigenschaften. Sie enthält eine große Anzahl an Kalzium-, Natriumchlorid-, Eisen- und Bromverbindungen und an anderen Spurelementen. Die Quellen besitzen eine Temperatur von 8°C bis 37°C und einen Salzgehalt von 0,19% bis 6,43%. Bisher wurden 19 Solequellfassungen geöffnet, die zu Bade-, Inhalations- und Konsumzwecken genutzt werden.

Das wertvollste Denkmal von Ciechocinek sind die an den kurörtlichen Charakter der Stadt gebundenen Gradierwerke. Die drei einzigartigen Holzkonstruktionen, die zur Wasserverdunstung dienen, wurden vom Jakub Graff (Professor der Bergakademie in Kielce) entworfen. Sie wurden im 19. Jahrhundert errichtet und sind bis heute die größten Objekte dieser Art in ganz Europa. Ihre Höhe beträgt 15,8 m bei einer Gesamtlänge von 1700 m. Die Funktionsweise der Gradierwerke beruht darauf, dass die Sole aus den an Spurelementen reichen Quellen auf die Gipfel der Gradierwerke hinaufgepumpt werden. Beim Runterfallen durch den Schwarzdorn verdampft sie unter dem Einfluss der Sonnen- und Windeinwirkung intensiv, wobei in der Umgebung ein an Jod reiches Mikroklima mit Heilungseigenschaften entsteht.

TSCHENSTOCHAU

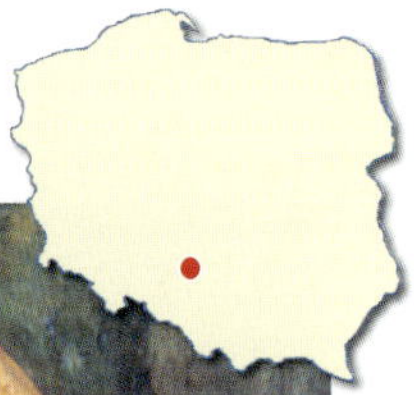

Der Name Jasna Góra wurde von den Paulinern, ungarischen Mönchen, die in die Gegend von Częstochowa (Tschenstochau) im Jahre 1382 ankamen, vergeben. Sie übernahmen den Namen ihres Mutterklosters des Hl. Laurentius am Hellen Berg in Buda. Unter der Herrschaft von Sigismund III. und Władysław IV. wurde Jasna Góra mit einem Verteidigungswall umgeben. Er erwies sich als äußerst wichtig während des Zweiten Nordischen Krieges im 17. Jahrhundert, als 170 Soldaten unter der Führung des Priors Augustyn Kordecki das Kloster vor der feindlichen Armee verteidigte. Die wirksame Verteidigung von Jasna Góra hatte eine enorme religiöse und politische Bedeutung, sie wurde zum Symbol des Freiheitskampfes der Nation. Nach dem 2. Weltkrieg ist Jasna Góra zum Symbol des Kampfes gegen den Kommunismus geworden. 1979 kam der Papst Johannes Paul II. bei seiner Pilgerfahrt nach Jasna Góra.

Unter dem Schutz des im 15. Jahrhundert angekommenen Paulinerordens befand sich das in Ehren gehaltene wunderbare Bild der Gottesmutter. Laut der Überlieferung wurde das Bild vom Hl. Lukas auf einem Tischblatt, an dem die Heilige Familie Mahlzeiten zu sich nahm, gemalt. Auf dem Gesicht der Mutter Gottes gibt es zwei Risse, deren Herkunft viele Legenden zu klären versuchten. Gegenwärtig nimmt man an, dass sie im 15. Jahrhundert entstanden sind, als zu Ostern 1430 Räuber das Kloster überfielen, um wertvolle Votivgaben zu stehlen. Nach dem Einbruch plünderten sie die Kapelle der Mutter Gottes aus, beraubten die Kostbarkeiten des Bildes und zerschnitten das Gesicht der Madonna mit einem Säbel.

Als das wunderbare Bild in Jasna Góra untergebracht wurde, begann die Etappe von Pilgerfahrten. Unter den Pilgern befanden sich sowohl Könige, Adel, Ritter, als auch Menschen der unteren Stände. Besonders beliebt wurden Gruppenpilgerfahrten zu Fuß. Seit 1611 pilgern hierhin jedes Jahr die Einwohner von Żywiec, seit 1627 die Einwohner von Gleiwitz, seit 1683 die Menschen aus Krakau. Zur Zeit nehmen jährlich ca. 250 Tausend Menschen an der Pilgerfahrt nach Jasna Góra teil.

TSCHOCHA

Die Burg Tschocha wurde auf Befehl des tschechischen König Wacław II. auf einem Kap im Tal des Flusses Kweis errichtet. Erbaut wurde sie in den Jahren 1241–1247 als ein Kastell, um die nördlichen Landesgrenzen zu bewachen. Die Burg wechselte mehrmals die Besitzer, wobei sie am längsten, ca. 250 Jahre lang, in dem Besitz der Familie von Nostitz blieb. Sie ließ mehrfach die Burg umbauen und verlieh ihr damit ein Erscheinungsbild eines ansehnlichen Renaissanceschlosses. Während des Dreißigjährigen Krieges wurde das Schloss von schwedischen Truppen umlagert, denen es jedoch nicht gelang, es einzunehmen. Im Jahre 1703 wurde Johann Hartwig von Uechtritz zum Inhaber des Schlosses. Ende des 18. Jahrhunderts brannte es samt der reichen Ausstattung und der reichen Altdruckbibliothek aus unerklärten Gründen nieder. Das Schloss wurde rasch wiederaufgebaut und schon ein paar Jahre später war es wieder zum Bewohnen geeignet.

1909 wurde Tschocha vom Ernst Gütschow, einem Tabakproduzenten aus Dresden, gekauft. Gütschow versuchte seine gesellschaftliche Stellung zu erhöhen und einen Adelstitel zu erwerben, weswegen er sich sofort an den Umbau des Schlosses, das zukünftig zu seiner Familienresidenz werden sollte, machte. Die Umbauarbeiten leitete der bekannte Architekt Bodo Ebhardt. Der Wiederaufbau, bei welchem der Burg ein Äußeres verliehen wurde, das man bis heute bewundern kann, wurde 1914 beendet.

Während des 2. Weltkrieges befand sich auf der Burg eine Chiffrierschule der Abwehr und höchstwahrscheinlich ein Forschungslabor des Wissenschaftlers Werner von Braun – Schöpfer der deutschen Raketenwaffe und später der Weltraumraketen „Saturn", die Teil des Weltraumprojekts „Apollo", das sich die Mondlandung zum Ziel setzte, gewesen sind.

Nach dem 2. Weltkrieg wurde das Schloss geplündert. Im Jahre 1952 wurde dort eine Erholungsstätte für die Armee eingerichtet, wodurch das Schloss vor weiteren Verwüstungen bewahrt wurde.

Die charakteristische und geheimnisumwobene Architektur wurde mehrmals als Bühnenbild für viele Spielfilme genutzt. Auf der Burg wurden solche Produktionen, wie z.B. „Gdzie jest generał", „Wiedźmin" sowie „Twierdza szyfrów" realisiert.

FRAUENBURG

Frauenburg ist ein kleines, ca. 2500 Einwohner zählendes, malerisch am Frischen Haff gelegenes Städtchen. Das wichtigste Denkmal in Frauenburg ist der Domkomplex auf dem Domhügel, der die Grundelemente mittelalterlicher architektonischer Voraussetzungen bis heute beibehalten hat. Das älteste Objekt ist der Dom, der Himmelfahrt der Heiligen Jungfrau Maria und dem Hl. Apolstel Andreas geweiht, erbaut in den Jahren 1329–1388.

Ein weiteres wichtiges Objekt des Domhügels ist der ehemalige Palast der ermländischen Bischöfe. Das Bauwerk hat einen gotisch-barocken Charakter. Seinen Bau begann man im 14. Jahrhundert, wobei die folgenden Statthalter den Palast mehrmals umbauen ließen, um ihm das Aussehen entsprechend des jeweils herrschenden Kunststils zu verleihen.

Das höchste Bauwerk des Domhügels ist der Glockenturm, auch Radziejowski Turm genannt, der in der zweiten Hälfte des 17. Jahrhunderts errichtet wurde. Von der 70 m über dem Meeresspiegel liegenden Aussichtsterrasse aus erstreckt sich ein wunderschönes Panorama von Frauenburg und vom Frischen Haff. Die tiefer gelegenen Stockwerke des Turmes sind für Ausstellungen der modernen Kunst vorgesehen. In einem der Säle hängt das Foucault-Pendel – einziges Gerät in Polen zur Beobachtung der Erdrotation. Auf der tiefsten Etage des Glockenturmes befindet sich das Museumsplanetarium.

Mit der Stadt Frauenburg ist die Person des berühmten Astronoms Nikolaus Kopernikus verbunden. Er wurde 1473 in Thorn (Toruń) geboren. Nach seinen Studien in Krakau, Bologna und Padua kam er in die Heimat zurück und ließ sich in Frauenburg nieder, wo er astronomische Forschungen und Beobachtungen führte und sein Lebenswerk „De revolutionibus orbitum coelestium" (deutsch: „Von den Umdrehungen der Himmelskörper") verfasste, das zu den Meilensteinen der Astronomie in der Neuzeit gehört (Kopernikanische Wende). Nikolaus Kopernikus übte ebenfalls die Funktionen des Kanonikers, Administrators von Fürstbistum Ermland, Visitators und Arztes aus. Er bearbeitete die Reformen des Münzwesens, die das preußische und polnische Münzwesen vereinheitlichen sollten. Er starb im Jahre 1543 und wurde höchstwahrscheinlich im Frauenburger Dom nahe eines der Altäre bestattet.

DANZIG

Danzig war früher einmal die meist bevölkerte und reichste Stadt der Ersten Polnischen Republik. Aufgrund seiner Lage an der Ostseeküste und der Zugehörigkeit zu dem Bündnis der Städtehanse in den Jahren 1361–1669 war Danzig eine Stadt vieler Nationalitäten, Kulturen, Konfessionen und Sprachen. Zur Herrschaftszeit des Bolesław III. Krzywousty (genannt Schiefmund) geriet Danzig samt Pommerellen unter die Herrschaft Polens. Nach der Machtübernahme in Pommerellen von Świętopełk (Swantopolk) wurde Danzig für kurze Zeit autonom. Im 14. Jahrhundert ging die Stadt in die Hände der Brandenburger und des Deutschen Ordens über, und im Jahre 1454 wurde sie abermals an Polen abgetreten.

In den darauf folgenden Jahrhunderten genoss die Stadt Danzig, die sich mittlerweile zu einer der größten Hafenstädte an der Ostsee und zu einer der reichsten Städte in Europa entwickelte, viele Handelsprivilegien. Im Jahre 1793 wurde Danzig während der zweiten Teilung Polens von Preußen eingenommen.

Die Stadtgeschichte ist mit vielen Ereignissen, welche die Geschichte Europas beeinflussten, eng verbunden. Hier begann beispielsweise mit dem Artilleriebeschuss des deutschen Kriegsschiffes „Schleswig-Holstein" auf die Danziger Halbinsel „Westerplatte" der Zweite Weltkrieg. Überdies, um ein anderes Beispiel zu nennen, nahm der Umsturz des Kommunismus in Europa in den Streiks in der Danziger Werft und in den Vereinbarungen von August im Jahre 1980 seinen Ursprung.

Trotz der vielen Zerstörungen während des 2. Weltkrieges blieb der Großteil der Denkmäler aus verschiedenen Epochen erhalten. Zu den interessantesten gehört die Marienkirche – der größte Backsteintempel in Europa, errichtet in den Jahren 1343–1502, als auch der Danziger Kran, der größte Hafenkran des mittelalterlichen Europas.

Besondere Aufmerksamkeit verdient eine der schönsten Straßen der Stadt – die Marienstraße, die ein Musterbeispiel der reichen Stadtbebauung darstellt. Sehenswert erscheint auch die wichtigste Straße der Altstadt – die Langgasse, bekannt auch unter dem Namen Königsstraße, an der viele Denkmalobjekte errichtet wurden, d.h. der Artushof, das Patrizierhaus der Familie Uphagen, so wie der Neptunbrunnen.

ANNO 1605

DANZIG KÖNIGSSTRASSE

Die Bezeichnung „Königsstraße“ umfasst die Langgasse und den Langen Markt und bezieht sich auf die feierlichen Einzüge der Monarchen in die Stadt. Der Name ist höchstwahrscheinlich seit ca. 1457 im Gebrauch, als König Kasimir IV. Jagiello in Danzig einzog, nachdem der Deutsche Orden vertrieben und die Stadt an das Königreich Polen angeschlossen worden war.

Die Königsstraße ist die Hauptstraße der Altstadt und bildet ihre Achse. An dieser Straße wurden die wichtigsten Gebäude errichtet, die gegenwärtig zu den wertvollsten Denkmälern Danzigs gehören. Die Häuser an der Langgasse haben charakteristisch schmale, reich ausgeschmückte Fassaden. Sie gehörten früher einmal den reichsten Kaufleuten, Patriziern und Leuten, die hohe Stadtämter bekleideten.

Das ansehnlichste Gebäude an der Königsstraße ist das Rechtstädtische Rathaus, der frühere Sitz der Stadtverwaltung. Es wurde in den Jahren 1379–1492 erbaut. Im Inneren befindet sich der reich geschmückte Große Ratssaal, genannt auch der Rote Saal. Die Ausschmückung wurde von Hans Vredeman de Vries und Isaak van den Blocke geschaffen. Das Rathaus besitzt einen 80 m hohen Turm, der mit einer vergoldeten Statue, die König Sigismund August darstellt, bekrönt ist.

Ein anderes wichtiges Bauwerk an der Königsstraße ist der Artushof – ein Treffpunkt der wohlhabendsten Kaufleute und Stadtbürger. Es gehört zu den großartigsten Objekte dieser Art in ganz Europa. Die Fassade ist im Renaissancestil gehalten und mit Bildnissen polnischer Könige und mit Skulpturen altertümlicher Persönlichkeiten verziert. Vor dem Artushof befindet sich der Neptunbrunnen, der die Verbundenheit der Stadt mit dem Meer versinnbildlicht. Die Idee, einen Brunnen zu erbauen, ging vom Bürgermeister Danzigs Bartłomiej Schachmann (Barthell Schachtman) aus. Der Brunnen wurde 1633 in Gang gebracht und stellt bis heute ein Symbol Danzigs dar.

Ein weiteres kostbares Denkmal an der Königsstraße ist das Bürgerhaus von Johann (Jan) Uphagen aus dem 18. Jahrhundert. Dem Wunsch des Besitzers gemäß wurde die Denkmalausstattung der Innenräume über 100 Jahre lang nicht verändert, dank dessen ein eigentümliches Museum entstand, das an das Leben reicher Bürger Danzigs erinnert. Die Königsstraße wird von zwei Toren umschlossen: dem Hohen Tor, das in den Jahren 1587–1588 errichtet wurde, und dem Grünen Tor, erbaut in den Jahren 1564–1568, das als Residenz polnischer Könige fungierte.

GDANSK 2006
WORLD
CARILLON
CONGRESS

GOLLUB-DOBRIN

Das Schloss in Gollub-Dobrin wurde vom Deutschen Orden in den Jahren 1296–1306 auf der Anhöhe am Fluss Drewenz erbaut. Unterhalb der Kastellburg wurde die Stadt gegründet, die sich seit den Kriegen zwischen Polen und dem Deutschen Orden im 15. Jahrhundert prächtig entwickelte. Kraft des zweiten Thorner Friedens, geschlossen im Jahre 1466, wurden die umgebenden Landesgüter und das Schloss, das bis dahin die südliche Grenze des Deutschordenstaates schützte, an Polen übergeben.

In der ersten Hälfte des 17. Jahrhunderts brach der beste Zeitabschnitt für die Stadt an, als das Schloss der Schwester vom König Sigismund III. Wasa, und zwar der Anna gehörte.

Anna Wasa wurde 1568 geboren. Angeblich soll sie keine Schönheit gewesen sein. Sie zeichnete sich durch ihre Körpergröße aus – sie war über 180 cm groß. Zu ihren Interessen zählten Botanik und Kräuterheilkunde – sie baute die erste Tabakpflanze in Polen an. Sie beherrschte fünf Fremdsprachen und unterstützte wissenschaftliche Forschungen – sie gab z.B. den *Zielnik* (ein Herbarium) von Szymon Syreński, der 1600 Seiten zählte, heraus. Sie starb im Jahre 1625. Sie wurde aus Religionsgründen – sie gehörte der protestantischen Konfession an -nicht in der Krypta der Wawelkathedrale (Grablege der polnischen Wahlmonarchie) beigesetzt, sondern in der Thorner Marienkirche, die damals den Lutheranern gehörte.

In den Jahren 1616–1623 baute Anna Wasa das Schloss in Gollub-Dobrin in eine Renaissanceresidenz um. An den Graten des Gebäudes entstanden kleine Türme, die Mauern wurden mit einer Attika bekrönt und der Palast mit Wappen geschmückt. An den Abhängen des Schlosshügels wurde ein Garten, im italienischen Stil gehalten, errichtet.

Infolge der Schwedischen Kriege wurde das Gebäude zerstört und hat seitdem seine alte Herrlichkeit nicht wiedergewonnen. Es wurde zwischen 1947–1953 restauriert. Gegenwärtig werden dort Ritterturniere und Silvesterbälle veranstaltet und zudem umfasst das Gebäude ein Museum und ein Hotel.

Zu den interessantesten Plätzen gehören: der gotische Saal, die Pferdetreppe, über die man direkt in die Palastzimmer mit den Pferden hineinreiten konnte, das Kapitelhaus, das Infirmarium und die Kapelle – der einzige Saal auf der Etage, der seinen gotischen Charakter beibehalten hat.

DAS HEUSCHEUERGEBRIGE

Das Heuscheuergebirge ist eine der schönsten Gebirgsketten in Polen. Es gehört der Sudetenkette an und erstreckt sich auf einer Länge von 42 km. Seinen Namen verdankt es einer charakteristischen Gestaltung, die vom Weiten her an eine Platte mit senkrechten Kanten, die an manchen Stellen sogar bis zu 300 m herabfallen, erinnert. Das Heuscheuergebirge ist Polens einziges Beispiel von Tafelbergen, aus Kreidesandstein gestaltet, die früher den Seeuntergrund bildeten. Infolge der orogenetischen Bewegungen wurde der Seeuntergrund gehoben. Bedingt durch die Erosion wurde der Sandstein in fantasievollen Formen gebildet, die an Menschen- und Tiergestalten erinnert. Im Gesteinslabyrinth umherwandernd, kann man auf Gestalten stoßen, die z.B. einem Mammut, einem Kamel oder einem Elefanten ähneln.

Der höchste Gipfel des Heuscheuergebirges ist Szczeliniec Wielki (Große Heuscheuer) – 919 m über dem Meeresspiegel – der über die Gegend der Felsenmassive mit zahlreichen Korridoren und Schluchten, in denen noch bis in den späten Sommer Schnee liegt, hinausragt.

Im 18. Jahrhundert zog Szczeliniec aus Gründen hinsichtlich seiner Verteidigungsbedeutung die Aufmerksamkeit von Preußen an. Inmitten der Felsen plante man anfänglich den Bau einer Festung, um die Umgebung zu bewachen. Diese Pläne wurden glücklicherweise aufgegeben. Im gleichen Zeitraum wuchs das Interesse am Heuscheuergebirge im Hinblick auf die touristischen Vorzüge. Im Jahre 1790 kam Friedrich Wilhelm II. als auch Johann Wolfgang von Goethe hierhin zu Besuch.

Der erste Bergleiter von Szczeliniec war Franciszek Pabel (1773–1861). Während eines der vielen Besuche von Kaiser Friedrich Wilhelm III. erhielt er die Ernennung zum Königlichen Bergleiter und Kassierer von Szczeliniec Wielki (Große Heuscheuer) – es war die erste amtliche Ernennung zum Bergleiter in Europa. Auf Initiative von Franciszek Pabel wurde eine Stein- und Holztreppe zum Szczeliniec als auch eine bis heute bestehende Herberge, Szwajcarka – Schweizerin genannt, errichtet.

DAS HEILIGKREUZGEBIRGE

Das Heiligkreuzgebirge ist der älteste Gebirgszug auf polnischem Gebiet und eines der ältesten in Europa. Der Name des Gebirges stammt von dem Kloster Święty Krzyż (Heiligkreuz) ab, das sich auf dem Berg Łysa Góra (oder Łysiec – 595 m Höhe) befindet, wo die Reliquie des Heiligen Kreuzes aufbewahrt wird. Im mittleren Teil des Gebirges wurde 1950 der Świętokrzyski-Nationalpark gegründet. Charakteristisch für diesen Park ist sein glaziales Geschiebe, die sog. Geröllhalden bzw. Schutthalden. In der Pflanzendecke überwiegen Buchen- und Tannenwälder.

Der höchste Berg des Heiligkreuzgebirges ist Łysica, gewöhnlich als Berg der hl. Katharina bezeichnet. Sein Gipfel erreicht die Höhe von 612 m. Łysica war früher einmal ein zentraler Ort des Heidenkultes. Bis heute ist hier ein an den Heidenkult erinnernder Wall mit einer Länge von ca. 1,5 km und einer Höhe von bis zu 2 m erhalten geblieben. Womöglich wurden hier drei Gottheiten verehrt. Um die heidnischen Bräuche schnellstmöglich zu verdrängen, wurde die an diesem Ort errichtete christliche Kirche der Heiligen Dreifaltigkeit geweiht.

Laut Überlieferungen wurde die Benediktinerabtei auf dem Berg Łysa Góra von Bolesław Chrobry im Jahre 1006 gegründet. Seit dem 12. Jahrhundert werden dort die Reliquien des Heiligen Kreuzes aufbewahrt, die der hl. Emmerich,Sohn des ungarischen Königs Stephan I., der Abtei schenkte. Seither gilt die Abtei als eins der wichtigsten Sanktuarien auf polnischem Gebiet. Während der Teilungen Polens wurde die Benediktinerabtei aufgelöst. Die russischen Machtinhaber wandelten das Gebäude in ein kaiserliches Gefängnis mit verschärfter Haftordnung um, das noch bis 1939 bestehen blieb. Seit 1936 wurde ein Teil des Klosters von den Oblatenmissionaren der Unbefleckten Jungfrau Maria übernommen. Die erneuerte nachbenediktinische Abtei umfasst gegenwärtig alle Klostergebäude, die barock-klassizistische Kirche und die frühbarocke Oleśnicki-Kapelle.

JAUER

Der Name der Stadt Jawor hat seinen Ursprung einem in den Sudeten weitverbreiteten Baum (Jawor-Ahornbaum) zu verdanken. Das genaue Datum der Gründung der Stadt ist unbekannt, da die Gründungsurkunde bis heute nicht überdauerte. Sie erfolgte vermutlich Mitte des 13. Jahrhunderts. In den ersten Jahrhunderten seit ihrer Gründung durchlebte die Stadt dank der ihr verliehenen Rechte, u.a. für die Salzlagerung und den Salzhandel, eine dynamische Entwicklung. Jawor erfüllte damals wichtige Verwaltungsfunktionen – hier fanden Landtagsversammlungen des Schweidnitz-Jauer Herzogtums statt.

Der Niedergang von Jawor erfolgte während des Dreißigjährigen Krieges. Die Stadt wurde vollständig niedergebrannt. Die nächste Blütezeit der Stadt erfolgte erst im 19. Jahrhundert und dauerte bis zum 2. Weltkrieg an, als die Stadt erneut verwüstet wurde.

In Jawor befinden sich viele Denkmalbauwerke, die von seiner Bedeutung in vergangenen Jahrhunderten zeugen. Zu den wertvollsten gehört die Evangelische Friedenskirche, die in den Jahren 1654–1655 kraft der Regelungen des Westfälischen Friedens erbaute wurde. Das Bauwerk, aus kurzlebigen Materialien (Holz, Lehm und Teer) errichtet, wurde vom Albrecht von Sabisch entworfen. Die überaus reiche Innenausstattung ist im barocken Stil gehalten. Die Friedenskirche ist ein Zeugnis der turbulenten Geschichte Europas – aus diesem Grund wurde sie im Jahre 2001 in die Liste des UNESCO-Welterbes eingetragen.

Ein weiteres wertvolles Denkmal in Jawor ist die Pfarrkirche zum Hl. Martin von Tours, das älteste Gotteshaus der Stadt. Die Kirche wurde um die Wende des 13. und 14. Jahrhunderts im gotischen Stil errichtet.

Ein anderes Bauwerk der Stadt, das eine Besichtigung wert ist, ist das Rathaus aus dem 14. Jahrhundert. Das Gebäude wurde mehrmals umgebaut. Sein gegenwärtiges Äußeres, das im Neorenaissance-Stil gehalten ist, erhielt das Rathaus Ende des 19. Jahrhunderts.

Am Rande der Stadt ragt das im 13. Jahrhundert errichtete Piastenschloss empor. Während des Dreißigjährigen Krieges wurde es zerstört und später vom Otto von Nostitz als eine barocke Residenz wiederaufgebaut. In den darauf folgenden Zeiten wurde das Schloss umgebaut, was seinen barocken Charakter bedauerlicherweise verwischte.

HIRSCHBERG

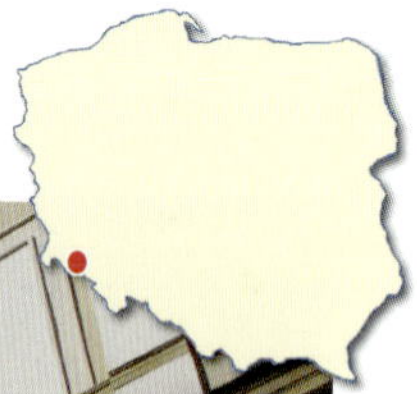

Laut einer Legende stammt der Name der Stadt aus der Zeit von Bolesław III Krzywousty (Boleslaw III. genannt Schiefmund), der in den umgebenden Wäldern den Hirschkönig erjagen konnte. Aus diesem Anlass ließ er eine Stadt gründen und in ihrem Wappen das Abbild des Tieres anbringen.

Aufgrund der grenznahen Lage geriet Hirschberg mehrmals unter die Herrschaft verschiedener Machthaber. Für eine gewisse Zeit gehörte die Stadt Tschechien an, später herrschten hier die Habsburger und danach lag sie im Bereich der Grenzen von Preußen. Die Stadt durchlebte mehrmals wirtschaftliche Aufschwünge und Abstiege. Die größten Verwüstungen der Stadt hinterließ der Dreißigjährige Krieg, dessen Spuren auf jedem Gebäude deutlich erkennbar waren. Ihre Blütezeit erlebte die Stadt Ende des 18. Jahrhunderts, als sie zu einem großen Zentrum der Textilproduktion wurde und als touristische Basis für die immer mehr beliebten Ausflüge ins Riesengebirge fungierte.

Im Bereich der Altstadt sind viele wertvolle Denkmäler aus verschiedenen Zeitabschnitten der Entwicklung von Hirschberg erhalten geblieben. Eines von ihnen ist die im 14. Jahrhundert errichtete Pfarrkirche zu St. Erasmus und Pankratius. Zu den wichtigsten Plätzen in Hirschberg gehört der Marktplatz. Dort befindet sich ein Komplex von Denkmalbürgerhäusern mit wunderschönen Barock- und Renaissancefassaden, als auch ein im 15. Jahrhundert erbautes Rathaus. Dieses Bauwerk wurde mehrmals zerstört und vielen Umbauten unterzogen. Das jetzige Rathaus wurde in den Jahren 1744–1749 nach dem Entwurf von C.G. Hedemann errichtet. Anfang des 20. Jahrhunderts wurde es an die benachbarten Bürgerhäuser angeschlossen. Am Rathaus befindet sich ein aus der ersten Hälfte des 18. Jahrhunderts stammendes Brunnen mit einer Neptunstatue, der die früheren Handelsbeziehungen von Hirschberg zu Überseeländern versinnbildlicht.

Ein interessantes und zugleich größtes Denkmal in Hirschberg ist die Gnadenkirche zum Hl. Kreuz, die in den Jahren 1709–1718 als protestantisches Gotteshaus errichtet wurde. In der Kirche können ca. 8000 Personen untergebracht werden. Ihr Innenraum zeichnet sich durch wunderschöne Ausschmückung aus. Ringsum die Kirche befinden sich einzigartige, und leider auch stark beschädigte, Denkmalgrabmäler bekannter Persönlichkeiten der Stadt.

KALWARIA ZEBRZYDOWSKA

Das Sanktuarium in Kalwaria Zebrzydowska ist eine der wichtigsten Pilgerstätten in Polen. Die Kultur-, Landschafts- und Architekturvorzüge des Ortes bewirkten, dass das Sanktuarium samt des Klosters und der örtlichen Kapellen im Jahre 1999 in das Weltkulturerbe der UNESCO aufgenommen wurde.

Die Anfänge des Sanktuariums sind ins Jahr 1602 zurückzuführen, als Mikołaj Zebrzydowski Kalwaria dem Bernhardiner-Orden übergeben hat. Im Jahre 1604 begann man anhand der Projekte italienischer Architekten Giovanni Maria Bernardoni und Paul Baudarth den Bau der Kirche, des Klosters und der Christi-Kreuzigungs-Kapellen, die in späteren Zeiten von weiteren Stiftern Michał Zebrzydowski und Magdalena Czartoryska vergrößert wurden.

Kalwaria Zebrzydowska ist ein in Europa bekannter Ort des Mariakultes und der Passionsspiele. Im August und September werden Feierlichkeiten anlässlich der Mariä Geburt und der Mariä Aufnahme in den Himmel veranstaltet. In der Karwoche werden Mysterien, die an die letzten Lebensmomente, den Tod und die Auferstehung Christi erinnern und Scharen von Pilgern anziehen, vorgeführt. Diese Gottesdienste wurden vom Beginn des Bestehens von Kalwaria an abgehalten und bis heute ist die spezifische Anordnung der Messen und Ablassfeierlichkeiten erhalten geblieben. Die Szenen der Passionsspiele werden von verkleideten und entsprechend geschminkten Priestern aus dem Priesterseminar dargestellt. Die Feierlichkeiten beginnen am Palmsonntag mit Christi Einzug in Jerusalem. Am Gründonnerstag um etwa 14.00 Uhr folgt die Fußwaschung, danach der Abschied von den Aposteln und zuletzt die Prozession nach Getsemani. Am Karfreitag werden Szenen des Gerichts beim Kaifas, die Verurteilung Jesu und der Kreuzweg, an dem tausende von Pilgern teilnehmen, nachgespielt. Die Mysterien von Kalwaria sind die ältesten Feierlichkeiten dieser Art in Polen. Man nimmt an, dass sie von allen europäischen Passionsspielen den mittelalterlichen Mysterien am nächsten kommen.

OBERLÄNDISCHER KANAL

Der Oberländische Kanal ist eines der interessantesten Ingenieurdenkmäler in Polen. Er bildet die längste Segelroute des Landes und verbindet Osterode mit Frischem Haff. Seine Länge beträgt 127,4 km bei einem Höhenunterschied von 100 m auf der Gesamtlänge.

Die Idee des Kanalbaus kam in der ersten Hälfte des 19. Jahrhunderts auf. Man wollte den Transport von Bodenfrüchten und Holz aus Ostpreußen an die Ostsee verbessern. Der Bau wurde 1844 begonnen. Entwickler des Konzeptes, Projekt- und Bauleiter war Georg Jacob Steenke. Die feierliche Eröffnung des Kanals fand im Jahre 1860 statt und die Verbindung zu Osterode folgte 1872.

Zu den interessantesten Anlagen des Kanals gehören fünf geneigte Ebenen, die zur Schiffsbeförderung dienen. An den Stellen des Kanals, wo ein großer Höhenunterschied herrscht, werden die Schiffe auf spezielle Plattformen verladen und zum nächsten Gewässer weiterbefördert. Die Gesamtlänge der geneigten Ebenen beträgt ca. 2 km. Die längste Ebene befindet sich in Oleśnica – sie ist 479 m lang, wobei der Höhenunterschied ca. 24 m beträgt. Neben den geneigten Ebenen gibt es im Kanal vier Schleusen. Beim Bau des Kanals wurde die Konstruktion des Morris-Kanals in New Jersey zum Vorbild genommen. Da der Morris-Kanal nicht genutzt wird, stellt der Wasserweg Elbing-Osterode die einzige Wasserbaulösung dieser Art auf der ganzen Welt dar.

Zu den Zeiten der intensivsten Nutzung des Kanals überwanden täglich mehr als zehn Schiffe den Wasserweg. 1912 wurden die ersten Seefahrten für Touristen veranstaltet. Der Kanal wurde als Handelsstrecke noch nach dem 2. Weltkrieg genutzt. Die Entwicklung des Straßennetzes verursachte jedoch die Einstellung der Schifffahrt. Man entschied sich dennoch aufgrund der außergewöhnlichen Landschafts- und Naturvorzüge, den Schiffsverkehr für Touristen auf dem Kanal einzuführen. Die Route verläuft u.a. durch den See Drużno, eine der größten Wasservogelbrutstätten in Polen.

DAS RIESENGEBIRGE

Das Riesengebirge (poln. Karkonosze) ist der höchste Gebirgszug der Sudeten. Seine Gesamtfläche beträgt etwa 650 km^2, wobei knapp ein Drittel dem polnischen Gebiet angehört. Die interessantesten Gebirgsteile in Anbetracht der Reliefs, die das Riesengebirge einem alpenartigen Hochgebirge ähnlicher machen, entstanden zu der Zeit des Rückzuges der riesigen Gletschermassen. Zu ihnen gehören die eiszeitlichen Gletscherkare, Teiche, Torfmoore, Schutthalden und zahlreiche einzeln stehende Felsen.

Das Riesengebirge ist ein Gebirge, das von den Menschen stark umgeformt wurde. Jahrhunderte lang wurde in dem Gebirge Erz gefördert und die Waldabholzung vorangetrieben, was den Lebensraum großer Raubtiere, wie z.B. der Bären, der Wölfe und der Luchse, einschränkte und schließlich zu ihrer Ausrottung führte.

Die erste historische Erwähnung des Riesengebirges, die ins 2. Jahrhundert zurück reicht, stammte von dem berühmten griechischen Geografen Ptolemäus. Auf seiner Weltkarte ist das Gebirge unter dem Namen Karkonotoi markiert. In den späteren Zeiten waren auch die Namen Góry Olbrzymie (Riesengebirge) als auch Góry Śnieżne (Schneegebirge) gängig.

Der höchste Berg des Riesengebirgszuges, als auch der ganzen Sudeten, ist die Schneekoppe mit einer Höhe von 1603 m. Seine Abhänge sind mit Schutthalden bedeckt. Auf dem Gipfel befinden sich: eine Wetterstation mit einer charakteristischen Form, eine Kapelle und auf der tschechischen Seite – eine Seilbahnstation.

Die größten am Fuße des Gebirges liegenden Städte, die hauptsächlich die Unterkunftsbasis für Touristen bilden, sind Karpacz (Krummhübel) und Szklarska Poręba (Schreiberhau). Zu den größten Touristenattraktionen der Stadt Karpacz gehört die Kirche Wang. Die Kirche wurde um die Wende des 12. und 13. Jahrhunderts in einem Städtchen Vang im südlichen Norwegen erbaut. Nach Karpacz gelangte sie Mitte des 19. Jahrhunderts dank des preußischen Königs Friedrich Wilhelm IV. Er kaufte sie für 427 Mark auf, ließ sie in Norwegen aubbauen und in Karpacz im Jahre 1844 als evangelische Kirche wiederaufbauen. Die Kirche Wang gehört zu den Paradebeispielen der nordischen sakralen Holzbaukunst.

KAZIMIERZ DOLNY

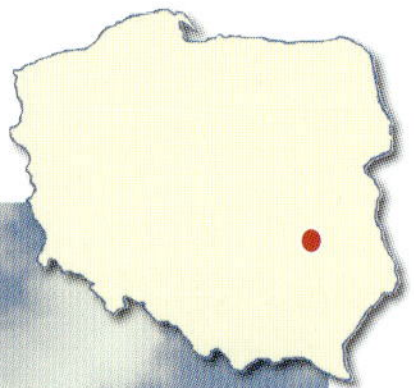

Kazimierz Dolny ist eines der meist entzückenden polnischen Städtchen. Seine wunderschöne Lage und sein einzigartiges Klima wussten schon im 19. Jahrhundert Maler, die hierhin kamen, um Eingebung zu suchen, zu schätzen. Sie machten Kazimierz berühmt, das schon bald Scharen von Touristen anzog.

Schon im Frühmittelalter befand sich hier eine Siedlung namens Wietrzna Góra (Windiger Berg). Fürst Kazimierz der Gerechte übertrug diesen Ort an die Norbertinernonnen aus Krakau. Höchstwahrscheinlich haben sie den Namen ihm zu Ehren in Kazimierz umbenannt. Im Mittelalter wurde auf dem naheliegenden Hügel eine Burg errichtet, von der eine 20 m hohe Bastei erhalten blieb. Im 14. Jahrhundert ließ Kazimierz Wielki (Kasimir III. der Große) gleich unterhalb der Bastei eine neue Mauerburg, die die Furt der Weichsel schützen sollte, erbauen.

Die Stadt entwickelte sich im 16. und 17. Jahrhundert vor allem dank des Getreidehandels. Damals entstand die Renaissancebebauung, die bis heute erhalten ist. Eine besondere Aufmerksamkeit verdienen die wunderschön verzierten Bürgerhäuser kaufmännischer Familien, wie z.B. der Familie Przybył oder Celej, als auch der am Flussufer stehende Renaissancespeicher. In der Nähe des wunderschönen Marktplatzes befindet sich die Pfarrkirche, deren Anfänge bis in die romanische Zeit reichen. Um die Wende des 16. und 17. Jahrhunderts wurde sie modernisiert –

im Renaissancestil. Im Jahre 1620 wurde dort die größte Orgel der damaligen Republik untergebracht.

Bis zum 2. Weltkrieg wurde das Städtchen von einer zahlreichen jüdischen Bevölkerung bewohnt, von der eine Synagoge aus dem 18. Jahrhundert, ein hinter dem Städtchen gelegener jüdischer Friedhof (Kirkut) und ein koscheres Schlachthaus übrig blieben. Fährt man nach Kazimierz, so lohnt es sich den naheliegenden Drei-Kreuz-Berg zu besuchen, von dem ein wunderschöner Ausblick auf die Stadt, den Fluss Weichsel und die Überreste des Schlosses in Janowiec geboten wird.

GLATZ

Die Festung in Glatz ist der wertvollste Komplex von Befestigungswerken aus dem 17. und 18. Jahrhundert in Polen. Die erste Erwähnung der Glatzer Burg auf dem sog. Schlossberg ist auf den Bericht des böhmischen Chronisten Cosmas von Prag aus dem Jahr 981 zurückzuführen. 1742 wurde die Grenzburg von den Preußen erobert, die sie ausbauen und befestigen ließen. In dieser Form blieb die Burg bis in die Gegenwart erhalten. Während des 2. Weltkrieges wurde die Burg als Gefängnis für Kriegsgefangene vorgesehen. Überdies befand sich dort ebenfalls eine Rüstungsfabrik, in der u.a. Radioempfänger und – sender für die Raketen V1 und V2 hergestellt wurden.

Es gibt Gerüchte von vielen bis heute unerforschten unterirdischen Gängen, die sich unterhalb der Burg und der Stadt befinden. Zur Besichtigung ist nur eine Strecke von 1 km Länge zugänglich (nur mit einem Fremdenführer), die insgesamt ca. 44 km beträgt. Man vermutet, dass die Burg Ende des 2. Weltkrieges zum Versteck der von den Nazis geraubten Kunstgegenstände wurde.

Ein interessantes und für Glatz charakteristisches Objekt ist die unter Denkmalschutz stehende gotische Steinbrücke – polenweit nur noch selten vorzufinden. Ihren Bau begann man im Jahre 1281 (so wird zumindest vermutet) und beendet wurde sie ca. 1390. Die Brücke ist mit sechs Figuren, die sich auf die religiöse Thematik beziehen, geschmückt. Sie wurden von den Einwohnern von Glatz gestiftet und stammen aus einer späteren Zeitperiode als die Brücke. Dieses Bauwerk, das manchmal auch als die Hl. Johannes-Brücke bzw. Veit Stoß-Brücke genannt wird, wird mit der Karlsbrücke in Prag verglichen.

Ein weiteres interessantes Denkmal in Glatz ist die spätbarocke Pfarrkirche Mariä-Himmelfahrt. Ihren Bau begann man im Jahre 1344. Bei der Innenausstattung überwiegt der Barockstil. Zu den wertvollen Objekten gehören: der Hauptaltar aus dem Jahr 1729 von dem Architekten Christoph Tausch ausgeführt, die reich geschmückte Kanzel vom Michael Klahr d. Ä. und die Figur der Glatzer Madonna mit dem Spatz aus dem 14. Jahrhundert.

REGIONALNA

KURNIK

Die ersten Schlossbauwerke in Kurnik entstanden höchstwahrscheinlich Ende des 14. Jahrhunderts. Zwei Jahrhunderte später wurde das Schloss dank des Posener Woiwoden Stanisław Górka zu einer berühmten Magnatenresidenz. Hier nahm man u.a. Heinrich III. von Frankreich (auch Henri von Valois genannt, war 1573–1574 als Heinrich I. König von Polen-Litauen), als er nach Polen kam, in Empfang. Im 17. Jahrhundert wurde der Palast in die Hände der Familie Działyński übergeben. Titus Działyński beschloss das Schloss umzubauen, um ihm einen neogotischen Stil zu verleihen. Der Schlosskörper nahm die Züge eines romantischen Gebäudes im Stil der englischen Gotik mit dem Zusatz von der orientalischen Architektur an. Działyński sammelte zahlreiche Andenken der polnischen Herrlichkeit, die er im Schloss nach seiner Renovierung auszustellen beabsichtigte. Den Umbau der Residenz und die Vervollständigung der Sammlungen setzte sein Sohn Jan Kanty Działyński und danach Władysław Zamoyski fort. Kurz vor seinem Tode überließ Zamoyski all seine Güter, samt dem Palast in Kurnik, dem polnischen Volk.

Das Schloss in Kurnik ist ein Denkmal des Ranges A, anerkannt als eins der schönsten Beispiele neogotischer Architektur in Polen. Besondere Aufmerksamkeit verdienen die beinahe in ihrer ursprünglichen Form erhaltenen Innenräume aus dem 19. Jahrhundert. Zu den interessantesten gehören: der Salon, der Wappensaal und der Mauretanische Saal. Der Salon zeichnet sich durch reich vergoldete Deckenstukkatur, einen Kamin, verzierte Portale und einen prachtvollen Fußboden aus. Im Wappensaal gibt es eine wunderschöne Kassettendecke mit 71 Wappenschildern des Rittertums aus dem 15. Jahrhundert. Die größte Attraktion des Schlosses in Kurnik ist der Mauretanische Saal, vollendet in drei verschiedenen Stilen. Dort kann man Sammlungen der polnischen Ritter- und Husarenrüstungen, Feldhetmanstäbe, persönliche Gegenstände der Familie Działyński und Denkmäler der Sakralkunst vorfinden.

An das Schloss grenzt ein Garten im englischen Stil mit einer Größe von 33 ha an. Zu einer Attraktion des Gartens gehören zweifellos die Weidenbirnen.

KRAKAU ALTSTADT

Krakau ist die von Touristen am liebsten besuchte Stadt in Polen und eine der beliebtesten Städte in Europa. Die Menschen werden hierhin vor allem von einer einmaligen Atmosphäre und einer unglaublichen Fülle an Denkmälern angezogen. Die wichtigste Sehenswürdigkeit in Krakau, neben des früheren Sitzes polnischer Könige auf dem Wawel, ist die Altstadt, und vor allem der Marktplatz.

Der Marktplatz wurde samt der zu ihm führenden Straßen im 13. Jahrhundert abgesteckt, nachdem die Stadt von den Tataren überfallen und zerstört wurde. Der Krakauer Marktplatz, der sich mit einer Fläche von 40 000 m^2 rühmt (mit den Ausmaßen 200 x 200 m), ist das größte Objekt dieser Art in ganz Europa. In seiner Mitte wurde schon im Mittelalter eine Markthalle, genannt „Sukiennice“, errichtet. Seitdem wurde sie mehrmals Veränderungen unterzogen. Die größten wurden in der Renaissancezeit vorgenommen – das Gebäude wurde mit einer Attika bekrönt und mit Maskaronen verziert und außerdem wurden Säulenloggien hinzugebaut.

Auf dem Marktplatz befindet sich ebenfalls eines der wichtigsten Sakralgebäuden in Polen – die Marienkirche. Errichtet wurde sie im 13. Jahrhundert und im darauf folgenden Jahrhundert eingehend umgebaut. Das wertvollste Objekt im Innenraum ist der gotische Altar, angefertigt von Veit Stoß in den Jahren 1477–1489. Vom Kirchenturm aus wird seit über 600 Jahren ununterbrochen zu voller Stunde eine Turmmusik (ein Turmsignal) von einem Trompeter gespielt, was einmalig auf der ganzen Welt ist. Seit 1927 wird die Turmmusik zur Mittagszeit auch vom Radio Krakau übertragen – somit ist sie die älteste reguläre Musiksendung im Rundfunk auf der ganzen Welt.

Im Mittelalter war die Altstadt von Mauern und einer Reihe von Verteidigungstürmen umgeben. Im 19. Jahrhundert wurde die Mehrheit der Mauern abgebaut, wobei man die Denkmalbasteien und Denkmaltore stehen ließ, wie z.B. das repräsentative Florianstor, geschmückt mit dem Abbild des St. Florian und der Bildnis Mutter Gottes. Die in den Jahren 1498–1499 errichtete Barbakane – eines der größten gotischen Befestigungsbauwerke in Europa, das im 15. Jahrhundert die großartigste Errungenschaft im Militäringenieurwesen darstellte, blieb ebenfalls erhalten.

KRAKAU WAWEL

Wawel ist ein Kalksteinfelsen aus der Jurazeit, der am Ufer der Weichsel direkt im Zentrum von Krakau liegt. Aufgrund seiner vorteilhaften Lage und seiner guten Verteidigungsbedingungen war Wawel seit Jahrhunderten ein Ort, wo sich die Menschen angesiedelt haben. Die ersten geschichtlichen Herrscher Polens wählten Wawel als einen ihrer Sitze, wodurch er bald zu einem wichtigen politischen und religiösen Zentrum des damaligen christlichen Europa wurde. Die wachsende Rolle Krakaus führte dazu, das während der Teilung des Landes in Provinzen im 12. Jahrhundert Wawel zum Sitz des „Senior" wurde, des wichtigsten Fürsten unter den Feudalherren, die die Provinzen Polens regierten.

Die nächsten Könige bauten das Schloss aus. Im 16. Jahrhundert wandelten Aleksander Jagiellończyk (Alexander der Jagiellone) gemeinsam mit seinem Bruder Zygmunt I. Stary (Sigismund I. genannt der Alte) die gotische Burg in eine prachtvolle Renaissanceresidenz um. Die damals angewandten modernen architektonischen Lösungen führten zu einer Wende in der Entwicklung der polnischen Architektur. Die Minderung der Rolle des Schlosses auf dem Wawel erfolgte in der ersten Hälfte des 17. Jahrhunderts, als König Zygmunt III Waza (Sigismund III. Wasa) seinen Königshof nach Warschau verlegte.

Eines der wichtigsten Denkmäler des Wawelhügels ist die Wawelkathedrale. Anfang des 14. Jahrhunderts ließ sich Władysław Łokietek (Wladyslaw I. Ellenlang) als erster polnischer Herrscher in dieser Kathedrale zum König Polens krönen. Nach seinem Tode wurde er auch hier bestattet. Damit begann die Tradition der Krönung und Bestattung polnischer Herrscher in der Wawelkathedrale, wodurch sie zu einem Ort von größter geschichtlicher Bedeutung des Landes wurde. In der Kathedrale wurden ebenfalls Bischöfe und in späteren Zeiten auch Personen, die sich um das Land verdient machten, bestattet, u.a. Tadeusz Kościuszko, Adam Mickiewicz so wie Józef Piłsudski. Mit der Zeit wurden an die Kathedrale Seitenkapellen hinzugebaut, von denen die bekannteste Kapelle die Sigismundkapelle 1533 als Mausoleum der letzten Jagiellonen errichtet wurde.

Die Verlagerung der Hauptstadt nach Warschau und die Teilungen Polens führten zur erheblichen Verwüstung der Bauwerke auf dem Wawel. Zu Beginn des 20. Jahrhunderts fing man mit den Renovierungsarbeiten an, die aus privaten Spenden finanziert wurden. Gegenwärtig ist Wawel das wichtigste historische und kulturelle Denkmal Polens und eines der meist besuchten Orte im Land.

KRASICZYN

Das Schloss in Krasiczyn ist eines der schönsten Denkmäler der Renaissance- und manieristischen Architektur in Polen und eines der prächtigsten Schlösser in Europa. Den Bau der Residenz begann 1580 Stanisław Krasicki, und beendet wurde es von seinem Sohn Marcin im Jahre 1631.

Der Bau ist auf der Grundlage eines Vierecks errichtet. An der nördlichen und östlichen Seite befinden sich Wohnflügel, und von der südlichen und westlichen Seite aus gibt es Vorhangmauern mit einer durchbrochenen Attika geschmückt. An den Schlossecken erheben sich vier runde Basteien – die „Gottesbastei", die „Papstbastei", die „Königsbastei" und die „Bastei des Adels". Diese Bezeichnungen geben die von der Familie Krasicki akzeptierte Weltordnung wieder. Auf dem Schloss kann man weltweit einzigartige Graphitverzierungen, die die Bildnisse polnischer Könige, biblische Szenen und Jagdszenen darstellen, bewundern. Ihre Gesamtfläche beträgt ca. 7000 m^2. Ein anderes wertvolles architektonisches Objekt ist in der Gottesbastei vorzufinden, und zwar eine Kapelle, die oftmals mit der Sigismundkapelle auf dem Wawel verglichen wird.

Krasiczyn wurde desöfteren von polnischen Königen besucht, u.a. von Sigismund III. Wasa, Johann II. Kasimir Wasa und August II. Im Jahre 1835 wurde der Palast von Fürst Leon Sapieha erworben. Auf dem Schloss war Jan Matejko zu Gaste, der hier Skizzen zu seinen Gemälden, u.a. zu Bitwa pod Grunwaldem (Schlacht bei Tannenberg) vorbereitete. Für die Hauptgestalt Fürst Witold posierte Adam Sapieha, bekannt unter dem Namen „Roter Fürst".

An das Schloss liegt ein wunderschöner Park mit exotischen Bäumen und Büschen an. Kennzeichnend für den Park sind vor allem alte Eichen und Linden, die eingepflanzt wurden, als in der Familie ein Kind zur Welt kam: war es ein Junge, wurde eine Eiche eingepflanzt, war es ein Mädchen, so wurde eine Linde gepflanzt.

In Krasiczyn kam 1867 Kardinal Adam Sapieha zur Welt, von dem Karol Wojtyła (Papst Johannes Paul II.) seine Priesterweihe erhielt. Bis 1944 verblieb das Schloss im Besitz der Familie Sapieha. Gegenwärtig gibt es hier ein Museum, ein Hotel und ein Restaurant.

FÜRSTENSTEIN

Das Schloss Fürstenstein ist das drittgrößte (nach Marienburg und Wawel) Schloss in Polen. Dort gibt es ca. 400 Räume mit einem Gesamtrauminhalt von etwa 150 Tausend Kubikmetern. Das erste Schloss ließ Bolko I. der Strenge, Herzog von Schweidnitz-Jauer in den Jahren 1288–1292 errichten. Es war eine von vielen gegründeten Burgen, die zum Schutz der Grenzen des Herzogtums diente. Im Jahre 1509 wurde das Schloss vom Władysław Jagiellończyk (Vladislav II. von Ungarn und Böhmen) als Lehnsgut an die Familie Hoberg (ab 1714 Hochberg) übergeben. Etwa 100 Jahre später kaufte die Familie ihre Güter auf und seitdem wurde Fürstenstein zum erblichen Besitz des Adelsgeschlechtes von Hochberg.

In den Jahren 1705–1732 begann der damalige Besitzer Konrad Ernst Maximilian von Hochberg den Umbau des Schlosses, um ihm einen barocken Charakter zu verleihen. Damals entstand das östliche Fronton samt des Repräsentationssaals (genannt Maximiliansaal). Im 19. Jahrhundert bekamen die Hochbergs offiziell den Fürstentitel verliehen (Hans Heinrich X. von Hochberg bekam 1850 den Titel *Fürst von Pless* vom preußischen König Friedrich Wilhelm IV. verliehen), und auf Grund von Familien- und Heiratsverbindungen und finanziellen Investitionen wurde die Familie von Hochberg bald zu einem der reichsten Adelsgeschlechter von ganz Europa. In Fürstenstein wurden u.a. Kaiser Franz Joseph, Friedrich Wilhelm III., Zar Nikolaus als auch Winston Churchill empfangen.

Zu Beginn des 20. Jahrhunderts wurde das Schloss um einen gewaltigen Flügel an der nordwestlichen Seite vergrößert. Während des 2. Weltkrieges wurde das Schloss von der deutschen Wehrmacht besetzt. Ein paar Tausend Arbeiter aus der paramilitärischen Organisation *Todt* wurden hierhin herbeigeholt und man begann den Umbau des Schlosses, das höchstwahrscheinlich als zukünftiges Hauptquartier für Adolf Hitler gedacht war. Die wahren Pläne der Naziingenieure sind bis heute nicht bekannt. Als die Sowjets das Schloss besetzten, fanden sie in den Kellergeschossen verminte Tunnel und Schächte vor, durch die man bis zur Schlosshöhe mit Lastkraftwagen fahren konnte. Nach dem Krieg stand Fürstenstein einige Jahre verlassen und erst 1956 wurden die ersten Restaurierungsarbeiten begonnen. Im Jahre 1960 fing man an, die Innenräume zu renovieren. Zur Zeit erweckt der Maximiliansaal – eine zweigeschossige Kemnate gehalten im Stil des Wiener Barock – das größte Entzücken.

LIEGNITZ

Der Name Legnica taucht erstmals in einer schriftlichen Urkunde aus dem Jahr 1149 auf. Ende des 12. Jahrhunderts zu der Herrschaftszeit von Heinrich I. wurde die bestehende Burg ausgebaut und zu einer Festungsburg umgewandelt. Sie war eines der ersten gemauerten Kastelle auf polnischem Gebiet. Unterhalb der Burg entwickelte sich die Stadt, die im 13. Jahrhundert zur Hauptstadt des Herzogtums Liegnitz und später des Herzogtums Liegnitz-Brieg wurde. Im Jahre 1241 fand bei Wahlstatt (Legnickie Pole) eine große Schlacht mit Mongolen statt, bei der Herzog Heinrich der Fromme ums Leben kam.

Die große Entwicklung der Stadt und der Burg erfolgte im 16. Jahrhundert. Liegnitz war damals eines der wichtigsten Kulturzentren in Niederschlesien. Für eine kurze Zeit befand sich hier sogar eine Universität. Der Dreißigjährige Krieg brachte den wirtschaftlichen Niedergang und führte zu großen, durch Epidemien verursachten demografischen Verlusten. Nach dem Tod des letzten männlichen Nachkommens der schlesichen Piastenlinie, Herzog Georg Wilhelm I. gelangten die Fürstentümer Liegnitz unter die Herrschaft der Habsburger. Der gewaltige wirtschaftliche Aufschwung erfolgte Ende des 19. Jahrhunderts und wurde durch den Ersten und Zweiten Weltkrieg unterbrochen.

In Liegnitz befinden sich außer des Schlosses viele sehenswürdige Denkmalobjekte. Eines dieser Bauwerke ist die im 14. Jahrhundert errichtete Kathedrale (Peter- und Pauls-Kirche), in der man wunderschöne gotische Skulpturen und Epitaphe, Statuen von Heiligen, ein bronzenes Taufbecken aus dem 13. Jahrhundert, einen barocken Altar und eine Grabsteinplatte des fürstlichen Ehepaares Ludwig II. und Elisabeth von Brandenburg bewundern kann. Zu weiteren interessanten Bauwerken der Stadt gehören das ehemalige Stadtrathaus, die sog. „Heringsbuden" und Bürgerhäuser mit wünderschönen Sgraffito-Dekorationen, wie z.B. das Haus mit dem Wachtelkorb und das Scultetus-Haus.

In der unweit gelegenenen Wallstätte befindet sich die Klosterkirche der Hl. Hedwig mit dem ehemaligen Benediktinerkloster, die als eine Perle der Barockarchitetkur erachtet wird. Sie wurde auf Initiative des Abtes Othmar Zinke in der ersten Hälfte des 18. Jahrhunderts errichtet. Zu der wertvollsten Ausschmückung der Kirche gehören die Deckenfresken von Cosmas Damian Asam aus München, die die Szenen der Ordens- und Regiongeschichte darstellen.

REN. 1993 KRAKÓW
REN. 1971 PKZ KRAKÓW

LICHEŃ

Das Sanktuarium in Licheń ist eine der größten Pilgerstätten in Polen. Jährlich kommen etwa 1,5 Millionen von Pilgern und Touristen hierhin. Die Anfänge des Sanktuariums reichen ins Jahr 1813, als in der Schlacht bei Leipzig, bekannt als die „Völkerschlacht", der aus der Gegend von Licheń stammende Schmied Tomasz Kłossowski, der in der Armee Napoleons kämpfte, schwer verwundet wurde. Dem Tode nahe betete er, in seiner Heimat sterben zu dürfen. Darauf hin erschien ihm die Mutter Gottes. Sie unterwies ihn, Ihr Bildnis zu suchen und es in die Heimat mitzunehmen. Nach mehreren Jahren fand er an einem Straßenbaum ein von einem unbekannten Autor gemaltes Bild, das ihn an seine Vision der Madonna bei Leipzig erinnerte. Kłossowski nahm das Bild mit und brachte es in einer Kapelle in der Nähe von Licheń unter. Schon bald darauf wurde die Nachricht verbreitet, dass an diesem Ort die Gestalt der Mutter Gottes den vorbeigehenden Menschen erscheint.

1949 wurde die Pfarrei in Licheń von der Ordensgemeinschaft der Marianer übernommen. Im Jahre 1967 krönte Kardinal Stefan Wyszyński das Wunderbild der Muttergottes. Auf Initiative des Pfarrers Eugeniusz Makulski wurde der Bau der Basilika der Mutter Gottes von Licheń begonnen. 2004 fand die Weihung der Basilika statt.

Die Basilika entstand anhand der Entwurfs der Architektin Barbara Bielecka. Sie ist das größte Gotteshaus in Polen, das achtgrößte in Europa und das zwölftgrößte auf der ganzen Welt. Ihre Länge beträgt 139 m, die Breite 77 m und die Fläche 23 000 m^2. Die Basilika hat 365 Fenster – diese Zahl entspricht der Anzahl der Tage im Jahr. Ins Innere führen 52 Türen und 33 Treppenstufen. Diese Zahlen beziehen sich auf die Wochenanzahl im Jahr und die Lebensjahre Christi. Im Glockenturm befindet sich die größte in Polen und die drittgrößte Glocke in Europa – die „Gottesgebärerin", mit dem Gewicht von 15 Tonnen. In der Basilika gibt es auch die größte Orgel Polens mit 20 Tausend Pfeifen. Hinsichtlich ihres Ausmaßes ist sie das drittgrößte Musikinstrument in Europa.

HEILSBERG

Lidzbark Warmiński liegt im nordwestlichen Teil der Woiwodschaft Ermland-Masuren am Fluss Alle und an der Mündung der Simser. Im Mittelalter lebten dort die Stämme der Warmen und Barten, die nach der Eroberung der Gebiete durch den Deutschen Orden verdrängt wurden. Mitte des 13. Jahrhunderts wurde Lidzbark der bischöflichen Gewalt unterstellt und die ihr unterliegenden Territorien begann man als Ermland zu bezeichnen. In dem darauf folgenden Jahrhundert wurde die Stadt Lidzbark ausgebaut. Sie wurde mit Stadtmauern umgeben und man errichtete ein gotisches Schloss. Lidzbark wurde etwa zu dieser Zeit zum Sitz des Fürstbistums Ermland und löste somit die bis dahin bischöfliche Residenzstadt Orneta (Wormditt) in ihrer Funktion ab. Das Ende der glanzvollen Zeit der Stadt leiteten die Kriege zu Beginn des 18. Jahrhunderts und die Teilungen Polens ein.

Zu den wichtigsten Denkmälern von Lidzbark Warmiński gehört das bischöfliche Hochschloss aus dem 14. Jahrhundert. Es ist eine der am besten erhaltenen mittelalterlichen Burganlagen auf polnischem Gebiet. Im 16. Jahrhundert büßte das Schloss an seiner militärischen Bedeutung ein und wurde allmählich in eine Hofresidenz umgewandelt. Auf der Nordseite wurden die sog. „Kardinalskammern" und auf der Südseite ein Barockpalast, das sog. „Mittelschloss" hinzugebaut. Während des Großen Nordischen Krieges (1700–1721) verweilte der schwedische König Karl XII. auf dem Schloss. Er ließ alle Kunstwerke und Büchersammlungen außer Landes ausführen. In den darauf folgenden Zeiten versuchten die ermländischen Bischöfe die Pracht des Schlosses wiederherzustellen, jedoch führte die Besetzung des Landes druch die Preußen im Jahre 1772 zu einer beträchtlichen Einschränkung der kirchlichen Einkommen und somit zum Verfall des bischöflichen Sitzes.

Ein wichtiges Bauwerk der Stadt ist die spätbarocke Pfarrkirche aus dem 14. Jahrhundert. Dort befinden sich einige Denkmalaltäre, eine klassizistische Kanzel, ein barocker Taufbrunnen und das wertvollste Denkmalobjekt – die in der Schatzkammer aufbewahrte mittelalterliche Herme der hl. Ida (ein Reliquienschrein in Form einer Büste).

Ein beeindruckendes Bauwerk ist auch das vierstöckige gotische Hohe Tor, das im Jahre 1352 als Teil der Wehranlage der Stadt erbaut wurde. Besondere Aufmerksamkeit verdient auch die heute russisch-orthodoxe hölzerne Kirche, die als evangelische Kirche vom Friedrich Wilhelm III. gestiftet wurde.

ŁAŃCUT LUBOMIRSKI-SCHLOSS

Das Lubomirski-Schloss wurde im Auftrag von Stanisław Lubomirski in den Jahren 1629–1641 als Residenz in der Bauweise „Palazzo in Fortezza“, d.h. als ein Palast mit Befestigungsanlagen umgeben, erbaut. Die Befestigungen haben ihren Zweck während des Zweiten Nordischen Krieges (in Polen auch als die „Schwedische Sintflut“ bekannt) gut erfüllt, denn das Schloss wurde nicht erobert. In der zweiten Hälfte des 18. Jahrhunderts baute die damalige Besitzerin, Prinzessin Isabella von Czartoryski Lubomirska das Schloss in eine moderne Residenz um – eine der herrlichsten Magnatresidenzen in ganz Europa. Das Schloss verlor dabei seine Verteidigungscharakteristik – viele Gärten wurden angelegt, darunter auch ein Tiergarten. Łańcut wurde zu einem der wichtigsten Kulturzentren auf polnischem Gebiet. Um die Wende des 19. und 20. Jahrhunderts wurde der Palast einer erneuten Umgestaltung unterzogen. Er bekam eine neue Fassade im Stil des französischen Neobarocks. Entwässerungsanlagen und Wasserleitungen wurden verlegt, ein Kraftwerk errichtet und das Telefon angeschlossen. Der Palast wurde zu einer der modernsten Residenzen Europas.

Der letzte Inhaber des Palastes war Alfred III. Potocki, der zu den Spitzenleuten des weltweiten Establishments gehörte. Während des 2. Weltkrieges wurde die Residenz von der Wehrmacht besetzt. Kurz vor dem Einmarsch der Roten Armee gelang es Potocki den Großteil der wertvollsten Schlosssammlungen auszuführen. Die Mehrheit dieser Sammlungen kehrte nie mehr nach Polen zurück.

Seit 1944 befand sich in dem Palast ein Schlossmuseum. Obwohl ein Teil der Sammlungen ins Ausland ausgeführt wurde, bieten die Kollektionen, die auf dem Schloss zurückgelassen wurden, einen imponierenden Anblick. Zu den wertvollsten Kunstwerken gehören: *Selbstbildnis Sofonisba Anguissola* von 1556 und ein Bildhauerwerk von *Antonio Canovy*, das Henryk Lubomirski als Amor darstellt. In Łańcut gibt es eine in Polen am besten erhaltene und größte Magnatenbibliothek, die 22 Tausend Bände umfasst. Die Originalausstattung der Palastgemächer, die prachtvolle Sammlung der Pferdefuhrwerke und der wunderschöne Landschaftspark im englischen Stil mit einer Fläche von 35 ha mit einigen Denkmalobjekten: einer Orangerie, einem romantischen Schlösschen, einer Reitbahn, einem Pferdestall und einer Wagenremise, blieben ebenfalls erhalten.

MARIENBURG ORDENSBURG

Das Schloss in Marienburg ist eine der größten mittelalterlichen Burganlagen Europas. Von 1309 bis 1457 war es das Herrschaftszentrum des Deutschen Ordens. Die Burg erfüllte nicht nur ihre Verteidigungsfunktion, sondern war als Sitz des Hochmeisters ebenfalls ein Kloster und außerdem zu Repräsentationszwecken gedacht. Im 14. Jahrhundert wurde innerhalb der Mittelburg u.a. das Große Refektorium – einer der größten Repräsentationssäle im damaligen Europa – und der Hochmeisterpalast erbaut. Ein enorm großes Kastell wurde mit Festungsgräben und Befestigungsmauern eingeschlossen.

Infolge der Kriege zwischen Polen und dem Deutschen Orden im 15. Jahrhundert ging die Burg in polnischen Besitz über. Im 17. Jahrhundert wurde ein Teil des Hochmeisterpalastes in königliche Gemächer umgestaltet. Bald danach wurden die Dächer des Hochschlosses bei einem Brand zerstört. Die größten Verwüstungen verursachte jedoch die um die Wende des 18. und 19. Jahrhunderts dort stationierende preußische Armee.

Das Interesse an der Geschichte von Marienburg zu Beginn des 19. Jahrhunderts trug Früchte, und zwar mit der Entwicklung der Restaurierungsarbeiten. In Marienburg wurde eine Schlossbauverwaltung ins Leben gerufen, deren oberstes Ziel war, den mittelalterlichen Charakter der Burg wiederherzustellen. In den 80-er Jahren des 19. Jahrhunderts wurde Conrad Emanuel Steinbrecht mit der Leitung des Wiederaufbaus betraut. Er beaufsichtigte die Arbeiten mit einer pietistischen Einstellung und blieb dabei dem Grundsatz treu: „Kein Schritt in einem anderen als im historischen Sinn“. Der Wiederaufbau des Schlosses hat ein großes Interesse und gesellschaftliche Unterstützung genossen. Kaiser Wilhelm II. besuchte während seiner Herrschaftszeit das Schloss in Marienburg mehr als 30 mal.

Der vollständige Wiederaufbau der Marienburg wurde im Jahre 1931 beendet. Schon kurz danach zog er Scharen von Touristen nicht nur aus Deutschland, sondern aus ganz Europa an. Auf dem Schlossgelände wurde ein Museum eröffnet, wo man Militaria, numismatische Sammlungen und archäologische Denkmäler bewundern kann.

1997 wurde die Burganlage von der UNESCO zum Weltkulturerbe erklärt.

DER MASURISCHE LANDSCHAFTSPARK

Der Masurische Landschaftspark ist einer der größten Landschaftsparks in Polen. Gegründet wurde er im Jahre 1977, um die Natur- und Kulturvorzüge dieser Region zu erhalten. Seine Fläche beträgt über 50 Tausend ha, wovon 29 Tausend ha Waldgebiete, 18 Tausend ha Seen und Flüsse und das Restgebiet Wiesen und Felder ausmachen. Auf dem Parkgelände wurden mehrere Naturschutzgebiete geschaffen. Zu den wichtigsten gehört das Naturschutzgebiet Kruttinna, das den Kruttinner See und den oberen Teil des Flusses Kruttinna schützt. Auf dem Fluss werden Kanu- und Kajakfahrten veranstaltet. Die Strecke gehört zu den beliebtesten und reizvollsten Kanu- und Kajakrouten in Europa. Ihre Länge, von dem Dorf Sontag (Zyndaki) aus bis zum Beldahnsee gemessen, beträgt über 100 km. Zu den weiteren interessanten Naturschutzgebieten gehören das ornithologische Reservat am Lucknainer See, sowie die Torfmoorschutzgebiete: Zakręt, „Königskiefer" und Gązawa.

Das Gebiet des Masurischen Landschaftsparkes, als „Land der tausend Seen" bezeichnet, ist eine der am meisten besuchten Erholungsregione in Polen. Viele Seen wurden mit Kanälen verbunden, wobei eine Segelroute entstand, die vor allem für touristische Zwecke genutzt wird.

Der größte See sowohl auf dem Gebiet des Masurischen Landschaftsparkes als auch in ganz Polen ist der Spirding-See. Seine Fläche beträgt 11 416 ha. Der Grund des Sees weist viele Findlinge auf, die Segelfahrten erschweren. Auf dem See befinden sich 8 Inseln, von denen Spirdingswerder, Teufelswerder und die Insel Pajęcza zu den größten angehören.

In der Region und der Umgebung des Masurischen Landschaftsparkes befinden sich viele interessante Bauwerke. Dazu zählen: Hitlers Hauptquartier Wolfschanze in Görlitz (Gierłoż), das Hauptquartier des Oberkommando des Heeres in Mauerwald (Mamerki), die Festung Boyen in Lötzen (Giżycko), Denkmalbrücken in Staatshausen (Stańczyki), die Wallfahrtskirche in Heiligelinde (Święta Lipka), die Burgen des Deutschen Ordens in Rastenburg (Kętrzyn), Lötzen, Rößel (Reszel) und Rhein (Ryn), als auch die Schlösser und Paläste in Steinort (Sztynort), Sorquitten (Sorkwity) und Birkenfeld (Brzeźnica).

MOSCHEN

Das Schloss in Moschen ist eine der meist entzückenden Magnatenresidenzen auf polnischem Gebiet und eines der meist bekannten Denkmäler im Oppelner Land. Seine derzeitige Gestalt nahm das Schloss vor verhältnismäßig kurzer Zeit ein, d.h. um die Wende des 19. und 20. Jahrhunderts. Früher stand an seiner Stelle ein kleiner barocker Jagdpalast, dessen Besitzer Hubert Thiele-Winckler gewesen war. Aus unerklärten Gründen brannte der Palast im Jahre 1896 nieder. Kurz nach diesem Ereignis baute Hubert Thiele-Winckler den Palast in seiner ursprünglichen Form wieder auf, um nach einigen Jahren einen neogotischen Flügel, nach eigenem Entwurf und zu repräsentativen Zwecken gedacht, an der östlichen Seite anzuschließen. In den Jahren 1912–1914 wurde ein weiterer Flügel im Neorenaissancestil hinzugebaut, wodurch ein Bauwerk in klar erkennbar unterschiedlichen architektonischen Stilen entstand. Das Schloss hat eine Fläche von ca. 8000 m², 365 Räume als auch 99 kleine Türme und Basteien.

Das Schloss in Moschen blieb im Besitz der Familie Thiele-Winckler bis zum Jahr 1945, als die Eigentümer auf der Flucht vor der herannahenden Kriegsfront es verließen. Für eine kurze Zeit stationierten die Soldaten der Roten Armee und Flüchtlinge aus der Balkanregion auf dem Schloss, wobei seine Ausstattung verwüstet wurde.

Gegenwärtig befindet sich in dem Palast ein Zentrum für Neuroseerkrankungen und ein privates Pferdegestüt. An den Palast liegt ein ca. 100 ha großes, ohne erkennbare Grenzen, Park an. Vor dem Krieg konnte man den Park vom Boot aus besichtigen, indem man die kleinen Seen und Weiher (Wasseraugen), die mit einer Reihe von Kanälen verbunden waren, befuhr. In dem Park ist eine Nekropole aufzufinden, in der die Aschen der Familie Thiele-Winckler ruhen.

NIEDZICA

Die Burg in Niedzica ist ein mittelalterliches, auf einem Kalkfelsen 30 m über dem Spiegel des Czorsztyński-Sees malerisch gelegenes Kastell. Die ungewöhnlichen architektonischen und landschaftlichen Vorzüge ziehen jedes Jahr Scharen von Touristen an.

Die Burg wurde ca. 1310 vom Kokos von Brezovica errichtet, um den Handelsweg und die ungarische Grenze zu bewachen. Im 16. Jahrhundert ging die Burg in den Besitz des Adelgeschlechts Horváth über, der sie umbauen und befestigen ließ. Das darauf folgende Jahrhundert war eine Zeit von ununterbrochenen Unruhen – während dieser Zeit verfiel die Burg dermaßen, dass sie sich nicht mehr als bewohnbar erwies. Der Brand des Schlosses der Horváts in Pławiec im Jahre 1817 führte dazu, dass Niedzica zu einer ländlichen Magnatenresidenz wiederaufgebaut wurde. Die Wohnflügel als auch die Kapelle in der unteren Burg wurden umgestaltet, ein Ballsaal wurde eingerichtet. Die obere Burg blieb weiterhin als Ruine bestehen.

Die letzte Besitzerin verließ Niedzica im Jahre 1943. Einige Jahre nach dem 2. Weltkrieg wurde die Burg vom polnischen Ministerium für Kunst und Kultur (Ministerstwo Kultury i Sztuki) übernommen. Auf der Burg wurde ein Museum eröffnet und zudem wurden einige Zimmer für Gäste eingerichtet.

Mit der Burg in Niedzica ist eine Legende verbunden, von einem Goldschatz der Inka. Im 18. Jahrhundert heiratete Sebastian Berzeviczy in Peru eine Indianerin, die von einer Königsfamilie abstammte. Infolge der Verfolgungen kehrten sie mit ihrer Tochter Umina nach Europa zurück und suchten auf der Burg in Niedzica Zuflucht. Umina wurde jedoch erdolcht. Ihr Sohn Anton wurde von Verwandten adoptiert, die seinen Nachnamen in Benesz änderten. 1946 kam sein Nachkomme Andrzej Benesz nach Niedzica. In den Familienaufzeichnungen stieß er auf eine Information über einen Geheimversteck unter der Treppe. Darin fand man eine bleierne Lade, in der sich ein Riemen mit Knoten befand (Knotenschrift der Inka – Quipu) mit angehängten goldenen Lamellen. Manche halten diese Quipu für einen Hinweis, wie man den in der Burggegend versteckten Schatz finden kann.

NOWY WIŚNICZ

Der erste Besitzer von Wiśnicz war der Adelsstamm Gryfit. Nach ihm übernahm im 14. Jahrhundert der Adelsstamm Kmit aus dem Geschlecht der Szreniawa den Grundbesitz. Die Mitglieder dieses Adelsgeschlechts gehörten der politischen Elite des damaligen Polen an. Sie errichteten das erste gemauerte Schloss in Wiśnicz (im gotischen Stil), das zur damaligen Zeit mit seiner Pracht sogar dem Wawel-Schloss im Nichts nachstand. Die Residenz wurde oftmals von berühmten Gästen aufgesucht, wie z.B. vom Sigismund I. (genannt der Alte), von Königin Bona und vom Sigismund II. August. Im 16. Jahrhundert wurde das Schloss an Sebastian Lubomirski übergeben. Sein Sohn Stanisław hat nach der Übernahme von Wiśnicz das Schloss im barokken Stil umbauen lassen – der Bau wurde um ein Geschoß vergrößert, eine Bastei wurde hinzugebaut und das ganze Gebäude wurde mit einer Terrasse umgeben. Der Palast zählte damals 100 Säle mit wunderschöner Ausschmückung. Die Fußböden und Türen wurden aus wertvollen Holzsorten angefertigt, alle Fensternischen wurden aus Marmor gemeißelt und die Fenster wurden mit farbiger Glasmalerei ausgestattet. Die Gemälde von Tizian, Raffael und Dürer schmückten die Schlosssäle. In dem Schloss wurde eine Bibliothek mit reicher Büchersammlung errichtet. Unterhalb des Schlosses gründete Lubomirski die Stadt Nowy Wiśnicz. Im Jahre 1616 erhielt sie das Lokationsprivileg, das Recht, jährlich drei Jahrmärkte zu veranstalten und das Recht, importierte Waren aus Ungarn zu lagern.

Nowy Wiśnicz wurde in quadratischer Anordnung entworfen. Vom Marktplatz aus verliefen zwei Hauptstraßen – eine führte in Richtung des Schlosses, die zweite in Richtung Bochnia. Die Stadt wurde schnell ausgebaut, u.a. dank der jüdischen Bevölkerung, die man in die Stadt einziehen ließ.

Nach dem Tod von Stanislaus Lubomirski verarmte die Stadt, da die Erben Wiśnicz nicht als Familiensitz betrachteten. Wiśnicz erlitt schwere Verluste während des Zweiten Nordischen Krieges (in Polen auch als die *Schwedische Sintflut* bezeichnet) und während der Konföderation von Bar. Große Schäden verursachte auch der Brand von 1863, der beinahe die ganze Holzbebauung des Städtchens verschlang.

DIE PIENINEN

Die Pieninen sind ein sich auf einer Länge von 30 km erstreckender Gebirgszug, der eines der attraktivsten Touristengebiete Polens darstellt. In dem interessantesten Teil des Gebirges bezüglich der Natur wurde der Nationalpark Pieninen gegründet, in dem die Hälfte aller in Polen vorkommenen Tierarten aufzufinden ist. Es ist ein Gebiet mit mannigfaltiger Pflanzenwelt und beeindruckenden Felsformationen, wie z.B. den Drei Kronen so wie der Sokolica. Hier kommen ebenfalls saure Mineralquellen (reich an Kohlendioxid) vor, genannt Säuerlinge, die in den Kurorten Szczwanica und Krościenko genutzt werden.

Die größte Attraktion in Pieninen ist die Wildflussfahrt durch den Dunajec-Durchbruch. Laut einer Legende trug der polnische König Bolesław I. der Tapfere zu der Entstehung des Durchbruchs bei, indem er die Flussmündung in den Felsen mit einem Schwert aushaute. Eine andere Überlieferung besagt, daß die Schlucht während der Flucht des Schlangenkönigs durch die Berge entstand, der mit seinem Körper eine Felskluft im Gebirge aushöhlte. Die Hauptroute der Wildflussfahrt ist 15 km lang. Sie beginnt an der Flößer-Anlegestelle in Kąty und endet in Szczawnica – oder in etwas höher gelegenen Krościenko. In dem Durchbruch bildet Dunajec sieben Schleifen, die zwischen senkrechten Wänden durchlaufen. Die Wildwasserfahrt dauert ungefähr 2–3 Stunden. Während dessen kann man das Panorama der Pieninen und des Gebirges Aksamitka bewundern, in dem angeblich Janosik Schutz suchte, das Felsmassiv Ostra Skała und das Gebirgsmassiv Golica bestaunen, an dessen Steilhang Felsen hervorheben, die mit ihrer Form an Kapuzen erinnern. Die Felsen tragen den Namen Sieben Mönche, denn sie sind – wie eine alte Legende besagt – in Steine verzauberte Mönche aus dem naheliegenden Roten Kloster, die gesündigt haben. Die Flößer-Saison dauert vom 1. April bis zum 31. Oktober.

Eine große Sehenswürdigkeit in Pieninen ist das Czorsztyński-Haff, an dessen Ufer sich das Schloss in Niedzica und die Ruinen des Schlosses in Czortszyn befinden. Zu weiteren Attraktionen der Region gehören auch Denkmalkirchen und Orthodoxe Kirchen, z.B. in Grywałd und Jaworki. Die Kirche in Grywałd stammt aus dem 15. Jahrhundert. Das Bauwerk hat eine Kranzkonstruktion. Im Innenraum blieben Polychromien aus dem Jahr 1618 erhalten als auch ein Altar mit einem wertvollen Triptychon aus den Anfängen des 16. Jahrhunderts. Die Orthodoxe Kirche in Jaworki wurde Ende des 18. Jahrhunderts erbaut. Besondere Aufmerksamkeit verdient hier die reich ausgeschmückte Ikonostase.

PESKENSTEIN

Peskenstein ist ein kleines Dorf im Prądnik-Tal. Zum ersten Mal wurde es in einer Urkunde aus dem Jahr 1315 erwähnt. Zu Beginn des 14. Jahrhunderts wurde in Peskenstein auf Befehl Kasimirs des Großen eine Wehrburg errichtet, die als Teil eines Netzes von Wehrburgen die südliche Grenze des Königreichs und eine wichtige Handelsroute beschützen sollte. Laut einer Überlieferung wurde Peskenstein vom König Władysław II. Jagiełło an Piotr Szafraniec, für seinen treuen Dienst und seine lobenswerte Teilnahme an der Schlacht bei Tannenberg verliehen. Das Schloss war bis zum Beginn des 17. Jahrhunderts Sitz der Familie Szafraniec. Ende des 15. Jahrhunderts beschäftigten sich die Nachkommen von Piotr Szafraniec mit Alchemie, trieben als Raubritter ihr Unwesen, wobei das Schloss als Basis für die Raubzüge gegen die unweit vorbeifahrenden Kaufleute fungierte. Im Jahre 1484 wurde Krzysztof Szafraniec auf Befehl des Königs Władysław II. Jagiełło für das eines Ritters unwürdige Treiben zum Tode durch Enthauptung verurteilt. Der Todesurteil wurde in Krakau auf dem Wawel vollstreckt.

In der zweiten Hälfte des 16. Jahrhunderts wurden Umbauarbeiten auf dem Schloss begonnen, um das Schloss in eine Renaissanceresidenz umzuwandeln. Der Hauptentwerfer des Umbaus war vermutlich ein italienischer Architekt Niccolo Castiglione. Mitte des 17. Jahrhunderts ging das Schloss in den Besitz von Michał Zebrzydowski über, der das Schloss mit einem modernen Wehranlagensystem umgeben ließ. Während des Zweiten Nordischen Krieges wurde das Schloss zerstört. Später wurde es von der Familie Wielkopolski übernommen, die es im Jahre 1768 wiederaufbauen ließ.

Um die Wende des 19. und 20. Jahrhunderts glich das Schloss einer Ruine. Dank der Bemühungen von Adolf Dygasiński und Józef Zawadzki wurde eine Aktionsgesellschaft Schloss Peskenstein gegründet, die die Ruinen aufkaufte und sich an den Wiederaufbau machte.

Mit dem Namen Peskenstein (Pieskowa Skała heißt übersetzt Hundefelsen bzw. hundeförmiger Felsen) ist eine interessante Legende verbunden über die in einem Hungerturm festgehaltene Tochter des Schlossbesitzers. Das Mädchen wurde zum schrecklichen Hungertod wegen ihrer Liebe zu einem Knappen verurteilt. Angeblich soll jede Nacht ihr treuer Hund den steilen Felsen hochgeklettert sein, um ihr Essensreste zu bringen. Seit dieser Zeit wird diese Anhöhe als Pieskowa Skała bezeichnet.

Unweit des Schlosses ragt ein einzigartiger ca. 25 Meter hoher Kalksteinfelsen empor, der zum Symbol des Ojcowski-Nationalparks wurde. Aufgrund seiner Form wird er im Volksmund „Teufelsfels“ (Czarcia Skała), Sokolica und meistens „Herkules-Keule“ (Maczuga Herkulesa) genannt.

PŁOCK

In den Anfang
gehörte Płock
der vorchristlicher
des Heidenkultes.
in die Stadt herbe
Władysław I., gen
nannt Schiefmund,
Landes. Die Stadt
Weichsel – der Ha
blik. Während des
len auch als die „S
die Stadt große Sc
kam erst im 19. J
Überreste der mi
neue Straßen abg
Außerdem wurde
abgetragen und du

Zu den wichtigs
Kathedrale auf den
Bischofs Alexandre
richtet. In der Kath
und Altäre. Die Kö
von Władysław I. H
anderes interessant
katholische Kirche
20. Jahrhunderts im
schoss der Kirche v

POSEN

Posen gilt als Ort der Taufe von Mieszko I. und wird als Wiege des polnischen Staates erachtet. Im Jahre 968 wurde Posen unter dem ersten polnischen Bischof Jordanes zum Bistumsitz und fungierte bis zu der Zerstörung der Stadt im Jahre 1039 durch den böhmischen Fürsten Břetislav I. als polnische Hauptstadt.

Die Stadt entwickelte sich dank ihrer günstigen Lage an der Handelsroute von Deutschland über Großpolen nach Litauen. Ihre Blütezeit erlebte die Stadt im 16. Jahrhundert und in der ersten Hälfte des 17. Jahrhunderts. Der Zweite Nordische Krieg (in Polen auch als die „Schwedische Sintflut" bezeichnet) und die darauf folgenden Kriege führten zur Zerstörung und Verwüstung von Posen. Zu Zeiten der Teilungen Polens geriet Posen unter die Herrschaft der Preußen und erst 1918 nach der Wiedererlangung der Unabhängigkeit Polens wurde die Stadt in den polnischen Staat wieder eingegliedert.

In Posen befinden sich viele Denkmalobjekte, die sowohl aus den Anfangszeiten des polnischen Staates als auch aus späteren Perioden stammen. Eines der wichtigsten Baudenkmäler ist Polens älteste Kathedrale (St. Peter- und Paul-Kathedrale/ Posener Dom), die in der zweiten Hälfte des 10. Jahrhunderts an Stelle einer frühromanischen Kirche errichtet wurde. Die Kathedrale genießt einen besonderen Rang, da sie als Grablege der ersten polnischen Herrscher und Könige dient. Dort ruhen: Mieszko I., Bolesław Chrobry, Mieszko II., Kazimierz Odnowiciel, Władysław Odonic, Przemysł I., Bolesław Pobożny und Przemysł II. Auf dem Marktplatz der Altstadt befindet sich ein wunderschönes Rathaus, das als Perle der Renaissancearchitektur erachtet wird. Es ist ein Denkmal des Ranges A. Das Bauwerk zeichnet sich durch eine wunderbare, reich ausgeschmückte Fassade, an der Allegorien der Tugend und Medaillons mit Büsten antiker Gestalten und polnischer Herrscher aus der Jagiellonen-Dynastie zu sehen sind. Das Rathaus ist mit einem Turm bekrönt, an dem eine Uhr angebracht ist und über ihr eine Plattform, auf der um Mittagszeit die Posener Ziegenböcke zum Vorschien kommen. Im Innenraum befinden sich einige wunderschön ausgeschmückte Säle, z.B der Große Saal, wo früher einmal das Stadtgericht tagte, der Königssaal – Tagungsort des Stadtrates und der Gerichtssaal.

Zu den anderen wertvollen Baudenkmälern in Posen gehören der Gebäudekomplex des ehemaligen Jesuitenkollegs als auch die im 17. Jahrhundert errichtete Stadtpfarrkirche des hl. Stanislaus (geweiht der Gottesmutter von der immerwährenden Hilfe und der hl. Maria Magdalena). Die Pfarrkirche besitzt eine reich verzierte Fassade und ihre Innenräume schmückt eine Polychromie, ein Altar und eine von dem berühmten Orgelbauer Friedrich Ladegast angefertigte Orgel.

POSEN

Posen gilt als Ort der Taufe von Mieszko I. und wird als Wiege des polnischen Staates erachtet. Im Jahre 968 wurde Posen unter dem ersten polnischen Bischof Jordanes zum Bistumsitz und fungierte bis zu der Zerstörung der Stadt im Jahre 1039 durch den böhmischen Fürsten Břetislav I. als polnische Hauptstadt.

Die Stadt entwickelte sich dank ihrer günstigen Lage an der Handelsroute von Deutschland über Großpolen nach Litauen. Ihre Blütezeit erlebte die Stadt im 16. Jahrhundert und in der ersten Hälfte des 17. Jahrhunderts. Der Zweite Nordische Krieg (in Polen auch als die „Schwedische Sintflut" bezeichnet) und die darauf folgenden Kriege führten zur Zerstörung und Verwüstung von Posen. Zu Zeiten der Teilungen Polens geriet Posen unter die Herrschaft der Preußen und erst 1918 nach der Wiedererlangung der Unabhängigkeit Polens wurde die Stadt in den polnischen Staat wieder eingegliedert.

In Posen befinden sich viele Denkmalobjekte, die sowohl aus den Anfangszeiten des polnischen Staates als auch aus späteren Perioden stammen. Eines der wichtigsten Baudenkmäler ist Polens älteste Kathedrale (St. Peter- und Paul-Kathedrale/ Posener Dom), die in der zweiten Hälfte des 10. Jahrhunderts an Stelle einer frühromanischen Kirche errichtet wurde. Die Kathedrale genießt einen besonderen Rang, da sie als Grablege der ersten polnischen Herrscher und Könige dient. Dort ruhen: Mieszko I., Bolesław Chrobry, Mieszko II., Kazimierz Odnowiciel, Władysław Odonic, Przemysł I., Bolesław Pobożny und Przemysł II. Auf dem Marktplatz der Altstadt befindet sich ein wunderschönes Rathaus, das als Perle der Renaissancearchitektur erachtet wird. Es ist ein Denkmal des Ranges A. Das Bauwerk zeichnet sich durch eine wunderbare, reich ausgeschmückte Fassade, an der Allegorien der Tugend und Medaillons mit Büsten antiker Gestalten und polnischer Herrscher aus der Jagiellonen-Dynastie zu sehen sind. Das Rathaus ist mit einem Turm bekrönt, an dem eine Uhr angebracht ist und über ihr eine Plattform, auf der um Mittagszeit die Posener Ziegenböcke zum Vorschien kommen. Im Innenraum befinden sich einige wunderschön ausgeschmückte Säle, z.B der Große Saal, wo früher einmal das Stadtgericht tagte, der Königssaal – Tagungsort des Stadtrates und der Gerichtssaal.

Zu den anderen wertvollen Baudenkmälern in Posen gehören der Gebäudekomplex des ehemaligen Jesuitenkollegs als auch die im 17. Jahrhundert errichtete Stadtpfarrkirche des hl. Stanislaus (geweiht der Gottesmutter von der immerwährenden Hilfe und der hl. Maria Magdalena). Die Pfarrkirche besitzt eine reich verzierte Fassade und ihre Innenräume schmückt eine Polychromie, ein Altar und eine von dem berühmten Orgelbauer Friedrich Ladegast angefertigte Orgel.

HALBINSEL HELA

Die Halbinsel Hela, die die Ostsee teilweise von der Danziger Bucht trennt, ist eine der interessantesten Landschafts- und Natursehenswürdigkeiten in Polen. Sie ist ca. 35 km lang und ihre Breite beträgt von 200 m am Ansatz bis zu 3 km in der Gegend um Hela. Auf der Landkarte aus dem 18. Jahrhundert sind an der Stelle der Halbinsel sechs Inseln zu erkennen, die infolge der Meeresströmung sich zu einer Nehrung schlossen.

Die Halbinsel Hela zeichnet sich durch ein eigenes Mikroklima aus. Hier kommen die stärksten Winde, die geringsten Niederschläge und die größte Anzahl an sonnigen Tagen im Jahr vor. Auf Grund von besonderen Landschafts- und Naturbedingungen gehört die ganze Halbinsel seit 1978 zum Küstenlandschaftspark.

Hela ist die am meisten ins Meer hinausragende polnische Stadt. Die Ortschaft zählt ca. 5 Tausend Einwohner und liegt an dem am weitesten entlegenen Halbinselabschnitt. Hela wurde im Mittelalter gegründet, jedoch lag es an anderer Stelle als dies heutzutage der Fall ist. Einer alten Legende zufolge wurde das Alte Hela wegen der Vergehen seiner Einwohner, die Freibeuterei betrieben, von den Wellen der Ostsee überschwemmt. Gegenwärtig ist Hela eine Erholungs- und Fischerortschaft. Es gibt hier ein Fischereimuseum – ein in ganz Polen einzigartiges Freilichtmuseum mit volkstümlichen Fischerbooten. An der Meeresstation der Danziger Universität befindet sich eine Robbenstation und am Stadtende ein Leuchtturm. Der Leuchtturm ist zur Besichtigung zugänglich – er bietet einen wunderschönen Ausblick auf die Nehrung, die Danziger Bucht und die Ostsee an.

Das Bezirk der Halbinsel Hela ist außerdem ein wunderbarer Ort für die Liebhaber alter Befestigungen. Hier kann man nämlich viele unter Denkmalschutz stehende Militärobjekte aus der Vorkriegszeit und aus der Zeit des 2. Weltkrieges vorfinden – darunter die schwerste polnische Geschützstellung der Küstenartillerie aus der Zeit des Polenfeldzuges von 1939.

PRÖMSEL

Prömsel ist eine der ältesten Städte im Osten Polens, malerisch im Tal des Flusses San gelegen. Früher einmal gehörte sie dem Rotburgenland an und war somit ein Streitobjekt der Polen, Ungarn und der Kiewer Rus. Laut einer Legende stammt der Name der Stadt vom Gründer der Stadt ab – des Lechiter Herzogs Przemysł.

Man nimmt an, dass in diesen Gebieten sehr früh das Christentum angenommen wurde. Dies bezeugen Relikte der Sakralarchitektur auf der Schlossanhöhe aus dem 9. Jahrhundert. Höchstwahrscheinlich war Prömsel damals ein örtliches Zentrum der Verbreitung christlichen Glaubens, das die umgebenden Gebiete beeinflusste.

Im 14. Jahrhundert wurde auf der Anhöhe eine Steinburg errichtet. Die Stadt entwickelte sich erfolgreich bis zur Hälfte des 17. Jahrhunderts zu einem der wichtigsten Kultur- und Wirtschaftszentren der Republik. Die darauf folgenden Kriege führten zum Verfall der Stadt. In Folge der Teilungen Polens ging die Stadt in die Hände der Habsburger über, die Mitte des 19. Jahrhunderts auf den umgebenden Anhöhen ein Befestigungsnetz erbauen ließen und Prömsel zu Europas drittgrößten Festung umwandelten. Prömsel spielte eine wichtige Rolle während des Ersten Weltkrieges.

Zu den wertvollsten Denkmälern von Prömsel gehören die Relikte frühmittelalterlicher christlicher Bauwerke auf der Schlossanhöhe, auf der zum späteren Zeitpunkt eine Steinburg errichtet wurde, die St. Johannes-Erzkathedrale, unter deren Fußboden man auf Überreste eines Bauwerkes im Stile einer romanischen Rotunde stieß, das Karmeliterkloster und die Franziskanerkirche, wo die Reliquien des St. Vinzenz aufbewahrt werden, als auch die Altstadt.

Ein interessantes Objekt, das unweit des Stadtzentrums emporhebt ist der Tataren-Grabhügel, auch Grabhügel des Przymysł ganannt. Wann und wieso dieser Hügel aufgeschüttet wurde, bleibt unbekannt. Einige Forscher vermuten, dass man dort die während eines Einfalls gefallenen Tataren bestatten ließ, andere dagegen halten den Grabhügel für die Grabstätte des Stadtgründers – des Herzogs Przemysł.

1784-1907
1935-1983

RADRUŻ

Radruż liegt an der Grenze mit Ukraine in der Woiwodschaft Karpatenvorland. Die ersten schriftlichen Aufzeichnungen über die Ortschaft Radruż reichen bis Mitte des 15. Jahrhunderts zurück. Die Bewohner dieses Gebietes betrieben hauptsächlich Landwirtschaft, Schafzucht und Zeidlerei. Im 16. Jahrhundert wurden diese Gebiete oftmals von den Tataren überfallen. In Folge eines dieser Überfälle im Jahre 1531 wurde eine orthodoxe Kirche zerstört. An ihrer Stelle wurde eine neue Kirche errichtet, und zwar die Hl. Paraskeva-Kirche, die höchstwahrscheinlich vom Landrat des Lubaczowski-Landkreises Jan Płaza gestiftet wurde. Gegenwärtig gehört diese Kirche zu den wertvollsten Beispielen der hölzernen Sakralarchitektur in Polen. Die spätgotische Kirche in Radruż weist einen Verteidigungscharakter auf und verfügt über eine Kranzkonstruktion aus Eichen- und Tannenholz. Im Innenraum befinden sich Originalpolychromien aus dem Jahr 1648. Ein Teil der historisch wertvollen Ausstattung wurde versetzt und den Sammlungen in Łańcut (Landshut), Lwów (Lemberg) und Lubaczów hinzugefügt.

Die orthodoxe Kirche ist Teil eines Baudenkmalkomplexes, zu dem noch ein hölzerner Belfried (ein Glockenturm) und ein gemauertes Leichenhaus – genannt „Dom Diaka" gehören. Der Komplex ist von einer mit Schindeln bedeckten Steinmauer umgeben.

Unweit der Kirche befinden sich kleine Friedhöfe mit einigen Grabdenkmälern und der Grabtafel von Katarzyna Dubniewicza aus dem Jahr 1682. Mit der Familie Dubniewicz ist eine Legende verbunden, wonach die wunderschöne Tochter von Katarzyna Dubniewicz, Maria, sich während eines Tatarenüberfalls im Jahre 1672 freiwillig in Gefangenschaft nehmen ließ im Austausch für ein Versprechen, die Bevölkerung und die Kirche zu verschonen. Sie wurde nach Konstantinopel verkauft, wo sich einer der türkischen Würdenträger in sie verliebte. Nach 27 Jahren gelang es ihr, mit einem beträchtlichen Vermögen nach Radruż zurückzukehren. Als Dank für ihre Rückkehr ließ sie die orthodoxe Kirche renovieren. Sie soll angeblich nach ihrem Tod zu Beginn des 18. Jahrhunderts in der Kirche bestattet worden sein.

ROGALIN RACZYŃSKI-PALAST

Rogalin wurde in den historischen Quellen erstmals im Jahre 1294 als das Eigentum des Adelsgeschlechts „Łodzia“ erwähnt. Im 16. Jahrhundert gehörten die Rogalin-Landgüter der Familie Arciszewscy an. Hier wurde einer der berühmtesten polnischen Reisenden und Abenteurer geboren – Krzysztof Arciszewski, Admiral der niederländischen Flotte und General der Artillerie des Königs Władysław IV. In der zweiten Hälfte des 18. Jahrhunderts wurde Rogalin zum Eigentum der Familie Raczyński und verblieb in ihrem Besitz bis 1939.

Der Palast in Rogalin wurde mit großer Wucht und Pracht entworfen. Man trachtete ihn als das Vorzeigeschild der sozialen Stellung des ganzen Volkes. Die Bauarbeiten begannen im Jahre 1768. Das Bauwerk wurde im spätbarocken Stil von einem unbekannten Architekten entworfen. Kurz nach Beendigung der Bauarbeiten wurde den Architekten von Stanislaus II. August Poniatowski, nämlich Dominik Merlini und Jan Christian Kamsetzer der Auftrag erteilt, das Gebäude im klassizistischen Stil zu modernisieren.

Der Gebäudeblock des Palastes ist mit dem Wappen der Familie Raczyński, der sich auf dem Fronton befindet, verziert. Mithilfe der Bogengalerien ist das Palastgebäude mit den zu ihm senkrecht gelegenen Hinterhäusern verbunden. Drei Höfe führen hin zu der Residenz. Der Familiensitz in Rogalin hat einen sehr schön gelegenen Park (mit einer Fläche von 37 ha), der im 18. Jahrhundert angelegt wurde. Ein französischer Barockgarten grenzt an den Palast, eines der am besten erhaltenen Objekte dieser Art in Polen. Die entsprechend angepflanzten und zugeschnittenen Hecken bilden ein Wegnetz in Form eines Labyrinthes. In verschiedenen Parkteilen wurden Skulpturen, die Mythologiegestalten darstellen, aufgestellt.

Der übrige Parkabschnitt ist im englischen Stil entworfen. Von dort aus kann man bis zu den weiten Wiesen des Rogaliner Landschaftsschutzparks und zu den meistbekannten hiesigen Eichen von Lech, Tschech und Rus hingelangen. Der Legende nach haben sich vor Jahrhunderten die Gebrüder an diesem Ort getrennt. Jeder von ihnen ging seinen eigenen Weg und gründete einen neuen Staat – Polen, Tschechen und Russland.

RZESZÓW

Die Stadtrechte und Privilegien, die eine schnelle Entwicklung ermöglichten, erhielt Rzeszów im 14. Jahrhundert. Die Blütezeit erlebte die Stadt um die Wende des 16. und 17. Jahrhunderts, als Mikołaj Spytko Ligęza der Eigentümer gewesen war. Er ließ die Stadt befestigen, stiftete viele Gebäude und Kirchen und begann ein Schloss zu errichten. Im Jahre 1638 ging Rzeszów in den Besitz der Magnatenfamilie Lubomirski über, die hier das später bekannte Piaristen-Kolleg gründete. Ende des Jahrhunderts fing die Stadt in Folge der Kriege, Brände und schlechter Verwaltung zu verfallen. Der wirtschaftliche Aufschwung kam erst Mitte des 19. Jahrhunderts, aber erst die Erhebung der Stadt zur Woiwodschaftshauptstadt nach dem 2. Weltkrieg machte aus Rzeszów ein wahres Kultur- und Verwaltungszentrum des südöstlichen Polen.

In der Stadt befinden sich ca. 400 Denkmalobjekte. Zu den wertvollsten gehören die Pfarrkirche aus den Anfängen des 15. Jahrhunderts und der Gebäudekomplex des Bernardinerklosters , der auch die Rolle des Mausoleums des Geschlechts Ligęza – der Stifter des Klosters und der früheren Besitzer von Rzeszów – erfüllt. Äußerst kostbar ist die Ausstattung der Kirche aus dem 18. Jahrhundert.

Im Zentrum der Altstadt befindet sich der Marktplatz mit einigen wunderschönen Bürgerhäusern und einem prachtvollen Rathaus, dessen Anfänge ins 16. Jahrhundert reichen. Eines der charakteristischen Denkmalobjekte in Rzeszów ist das südlich vom Marktplatz gelegene

Schloss. Errichtet wurde es im Stil „Palazzo in Fortezza". Unter der Aufsicht des bekannten Architekten Tylaman van Gameren wurde es mehrmals modernisiert und umgebaut. Der Stifter und der erste Besitzer des Schlosses war Mikołaj Spytko Ligęza. Zum nächsten Inhaber des Schlosses wurde die Magnatenfamilie Lubomirski. Bis 1820 blieb es in ihrem Besitz, als es dann an die Habsburger verkauft wurde.

Ende des 19. Jahrhunderts befand sich das Bauwerk in einem äußerst schlechten Zustand. Die Versuche, das Schloss zu renovieren, scheiterten, so dass man sich entschloss, die Mehrheit der Mauern abzubauen und die Baukonstruktion an gleicher Stelle wiederherzustellen. Gegenwärtig befindet sich in dem Schloss ein Gerichtshof und ein Justizmuseum. Außerdem werden dort viele Kulturveranstaltungen abgehalten.

SANDOMIR

Der Chronist Gallus Anonymus zählte Sandomierz neben Krakau und Breslau zu den wichtigsten und ältesten Städten Polens. Die ersten Aufzeichnungen über Sandomierz stammen aus dem 11. Jahrhundert, obwohl die Siedlung an sich älter ist. Die Bedeutsamkeit der Stadt wurde im Testament vom Bolesław III. Schiefmund anerkannt. Sandomierz wurde zur Hauptstadt des Herzogtums Sandomir unter Henryk Sandomierski. Später regierten hier u.a. Kasimir II. der Gerechte und Leszek I. der Weiße. Die wirtschaftliche Entwicklung der Stadt erfolgte im 14. Jahrhundert dank der Privilegien, die die Stadt vom Kasimir dem Großen erhielt. Das Ende der glanzvollen Zeit von Sandomierz setzte der Zweite Nordische Krieg (in Polen auch als die „Schwedische Sintflut" bezeichnet) im 17. Jahrhundert. Erst die Zwischen- und Nachkriegszeit brachten wirtschaftlichen Aufschwung für die Stadt.

In Sandomierz befinden sich über 120 Baudenkmäler aus verschiedenen Zeitepochen. Zu den interessantesten zählt das Rathaus, das im 14. Jahrhundert errichtet und zwei Jahrhunderte später umgebaut wurde. Erbaut auf dem Grundriss eines Vierecks und mit einer Attika bekrönt wird es als eines der wunderschönsten Renaissancerathäuser in Polen erachtet. Ein anderes wichtiges Baudenkmal ist die Kathedrale aus dem 14. Jahrhundert, die man an Stelle einer romanischen Kirche, die bei einem der vielen Tatarenüberfälle zerstört wurde, errichtete. Im Innenraum gibt es erhalten gebliebene Polychromien aus dem 15. Jahrhundert, einzigartige Marmoraltäre und in der Schatzkammer der Kathedrale – die Reliquien des Heiligen Kreuzes, die der polnische König Władysław II. Jagiełło als Anerkennung für die Tapferkeit der Ritter aus Sandomierz in der Schlacht bei Tannenberg der Stadt schenkte. Unweit des Marktplatzes befindet sich eins der am besten erhaltenen Stadttore in Polen – das sog. Opatower Tor. Es wurde im 14. Jahrhundert als eines der vier Stadttore erbaut. Im 16. Jahrhundert wurde es aufgestockt und mit einer Renaissanceattika bekrönt. Südlich der Altstadt ragt auf einem Felsen ein altes Schloss empor, das an der Stelle einer hölzernen Siedlung errichtet wurde. Bis zum Zweiten Nordischen Krieg bestand das Schloss aus vier Flügeln, von denen nur einer bis heute erhalten blieb.

OCZTA POLSKA

ZOPPOT

Die ersten Aufzeichnungen, die den Namen der Stadt erwähnen, stammen aus dem 13. Jahrhundert. Zoppot war damals eine kleine Siedlung, deren Einwohner Fischerei betrieben. In der Renaissancezeit wurde die Stadt zu einem beliebten Erholungsort für die etwas reicheren Bürger aus Danzig. Ende des 18. Jahrhunderts errichtete hier Graf Kajetan Sierakowski das erste Ferienhaus, jedoch erst die Tätigkeit des ehemaligen Arztes der Napoleonischen Armee Jean Georg Haffner führte dazu, dass sich Zoppot zu einem beliebten Kurort umwandelte. Haffner erbaute in Zoppot die erste Badeanstalt, das erste Kurhaus und die ersten Bäder (Łazienki). Zu den hiesigen Solequellen, in denen Gliedmaßen- und Rheumaerkrankungen geheilt wurden, begannen massenhaft Kurgäste aus Danzig, und später auch aus weit entfernten Landesecken, zu kommen. Zoppot wandelte sich zu einem der beliebtesten Erholungsorte an der Ostsee um. Nach dem 2. Weltkrieg wurde Zoppot ein Teil der Dreistadt (Trójmiasto – Danzig, Gdingen und Zoppot), wobei es seinen Erholungs- und Dienstleistungscharakter beibehielt.

Das meist bekannte Erholungs- und Freizeitobjekt in Zoppot ist die längste in Europa Holzmole. Sie ist 512 m lang und ragt 428 m in die Danziger Bucht hinein. Die erste Mole wurde vom Jean Haffner im Jahre 1829 erbaut und war damals 41 m lang. Zunächst erfüllte sie den die wertvolle gotische Grabsteinplatten und Altäre verbirgt. Sehenswert sind auch das barocke Königstor, errichtet in den Jahren 1725–1727, das mit zahlreichen Skulpturen geschmückt ist, u.a. mit dem Adler – dem Preußischen Staatswappen und den Initialen Friedrich Wilhelms. Zu den anderen wertvollen Denkmälern gehören: das gotische Alte Rathaus aus dem 14. Jahrhundert, das im 16. Jahrhundert im barocken Stil umgebaut wurde, der romanische Siebenmänteltum, der Loitzenhof (ein gotisches Bürgerhaus der bedeutenden Kaufmannsfamilie Loitz), der Palast „Pod Głowami" und der neobarocke Palast „Pod Globusem", in dem 1759 Sophia Dorothea von Württemberg (Maria Fedorowna), die Ehefrau des russischen Zaren Paul I, verehrt unter dem Namen „Zarenmutter", geboren wurde.

ADLERNEST-ROUTE

Die Adlernest-Route ist eine der beliebtesten Ausflugsrouten auf polnischem Gebiet. Die Route erstreckt sich auf einer Länge von mehreren Dutzend Kilometern zwischen Krakau und Tschenstochau. Ihren Namen verdankt die Route der malarisch auf Kalksteinfelsen gelegenen Schlösser und Schlossruinen.

Die Schlösser (Burgen) auf dem Gebiet des Krakauer-Tschenstochauer-Jura (Hochland) wurden von Kasimir dem Großen im 14. Jahrhundert errichtet. Sie sollten die Grenzen des polnischen Königreichs bewachen und die Handelsroute von Großpolen nach Krakau und weiter bis zur Kiewer Rus schützen. Die Mehrheit der Schlösser und Burgen wurde auf Grund von kriegerischen Auseinandersetzungen im 17. Jahrhundert zerstört bzw. erlitt große Schäden.

Das größte Schloss an der Adlernest-Route ist das Schloss Ogrodzieniec. Gleich am Fuße dieser Burg befindet sich eine große Ansiedlung mit Überresten eines Stalls. Das Schloss in Ogrodzieniec war mehrere Etagen hoch und besaß unterirdische Räume. Seine Blütezeit erlebte es im 16. Jahrhundert, denn zu dieser Zeit wurde die mittelalterliche Burg in eine Renaissanceresidenz umgewandelt. Die Schlossräume wurden mit Gobelins und Mahagonimöbeln ausgeschmückt und das Schloss selbst wurde damals als „Kleiner Wawel" bezeichnet. Ein anderes Bauwerk, das eine Besichitigung wert ist, ist die Burg in Ojcowo. Von dieser Burg sind das Tor, der Turm, der Brunnen und die Mauerüberreste erhalten geblieben. Die Burg erfüllte vor allem eine Verteidigungsfunktion, worauf ihre Lage auf einer hohen Anhöhe und die Mauerstärke von ca. 1,5 m hindeuten. Der Name Ojców wurde zum Ehrenandenken an den Vater von Kasimir dem Großen – Władysław I. Ellenlang – vergeben. Ein ebenfalls sehenswertes Bauwerk an der Adlernest – Route ist die Burg in Allenstein, die höchstwahrscheinlich an Stelle eines hölzernen Kastells errichtet worden war. Bis heute sind einige Fragmente der Mauer und ein 20 Meter hoher Turm erhalten geblieben.

SCHWEIDNITZ

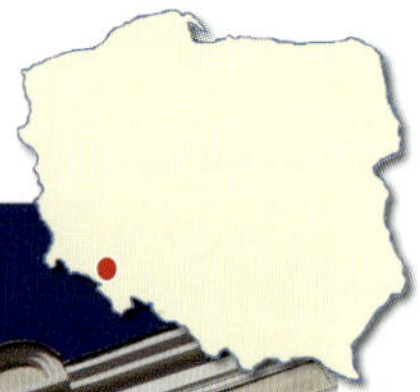

Der Name Świdnica stammt von dem Wort „svida" ab, der Bezeichnung eines Strauchs, der die Umgebung der alten Siedlung bedeckte. Wann genau die Stadtrechte der Stadt verliehen wurden, bleibt unbekannt. Man weiß jedoch, dass dies im 13. Jahrhundert erfolgte, als Świdnica als Hauptstadt des Herzogtums Schweidnitz-Jauer fungierte. Im 14. Jahrhundert war Świdnica die zweitgrößte, nach Breslau, Stadt Schlesiens. Ende des 14. Jahrhunderts geriet die Stadt unter die Herrschaft der böhmischen Krone, im 16. Jahrhundert ging sie in den Besitz der Habsburger über und ab 1741 befand sie sich in dem Herrschaftsbereich von Preußen.

Das wichtigste Baudenkmal in Świdnica ist die evangelische Friedenskirche „Zur heiligen Dreifaltigkeit". Kirchen dieser Bauart konnten die Protestanten nur mit dem Einverständnis des katholischen Kaisers Ferdinand III. erbauen. Die Erlaubnis für die Errichtung der Kirche war ein Ausdruck der Religionstoleranz nach den Kriegen im 17. Jahrhundert. Solche Kirchen konnten nur unter bestimmten Bedingungen erbaut werden: der Standort musste außerhalb der Stadtmauern gewählt werden, sie durften keinen Glockenturm besitzen und als Baumaterial konnten nur kurzlebige Materialien benutzt werden. Die Bauzeit von einem Jahr durfte nicht überschritten werden. Die Kirche in Świdnica wurde mit der Absicht entworfen, so viele Gläubige wie möglich unterzubringen. Sie weist eine Innenfläche von 1090 m^2 auf und bietet Platz für ca. 7500 Personen. Von den in Schlesien 3 erbauten Friedenskirchen sind bis heute nur zwei erhalten geblieben – in Jawor und in Świdnica. Im Jahre 2001 wurde die Friedenskirche in die Liste des UNESCO-Weltkulturerbes eingetragen.

Ein anderes wertvolles Baudenkmal der Stadt ist die gotische Kathedrale, die im 14. Jahrhundert auf Initiative des Herzogs Bolko I. von Schweidnitz errichtet wurde. Die Bauzeit dauerte über 150 Jahre. Die Kathedrale ist die größte Kirche auf niederschlesischem Gebiet: das Hauptkirchenschiff hat eine Länge von 71 m und seine Höhe beträgt 25 m. Die barocke Innenausschmückung stammt aus der Zeit der Wende vom 17. zum 18. Jahrhundert. Die Kirche besitzt den höchsten Turm in Schlesien, der 103 m zählt, und den dritthöchsten (nach Licheń und Tschenstochau) in Polen.

Besondere Aufmerksamkeit verdient auch der Marktplatz mit dem Rathaus, mit den Denkmalskulpturen und den wunderschönen Bürgerhäusern. Gegenwärtig werden intensiv Renovierungsarbeiten durchgeführt, um den früheren Charakter des Marktplatzes wiederherzustellen.

HEILIGELINDE TSCHENSTOCHAU DES NORDENS

Die Anfänge des Maria-Sanktuariums in Heiligelinde reichen ins 14. Jahrhundert zurück. Laut einer Legende erschien einem zu Tode verurteilten Sträfling in der Nacht vor seiner Hinrichtung die Muttergottes und hinterließ ihm ein Stückchen Holz und einen Meißel. Daraufhin schnitzte der Verurteilte eine Figur der Madonna, die mit ihrer Schönheit die Richter beeindruckte. Sie erachteten dies als ein Zeichen Gottes und begnadigten den zum Tode verurteilten Sträfling. Der freigelassene Mann machte sich auf den Weg auf der Suche nach einer ansehnlichen Linde, auf der er die Figur aufhängen könnte. Er fand sie letztlich an dem Ort, an dem sich gegenwärtig die Wallfahrtskirche befindet. Bald darauf wurde dieser Ort für wundersame Heilungen berühmt und zog von nun an immer größere Scharen von Pilgern an. Mitten unter ihnen fanden sich polnische Könige wie z.B. Sigismund III. Wasa, Władysław IV. Wasa, Johannes II. Kasimir Wasa und Jan III. Sobieski. Man unternahm mehrmals den Versuch, die Figur der Madonna in der Kirche in Kętrzyn unterzubringen, jedoch kehrte sie jedes Mal auf wundersame Art und Weise auf die Linde zurück.

Heiligelinde, manchmal als „Tschenstochau des Nordens" bezeichnet, zählt zu den großartigsten Beispielen des Spätbarocks in Polen. Im Jahre 1688 wurde der Bau des Klosterkomplexes, zu dem die Marienwallfahrtskirche, der Kreuzgang und das Jesuitenkloster gehören, begonnen. Die reiche Ausstattung der Innenräume ist im idealen Zustand erhalten geblieben. Darunter befinden sich Skulpturen, Freskomalereien, Gemälde, Goldschmiede- und Kunstschmiedearbeiten, wie z.B. ein großartiges barockes Tor aus der ersten Hälfte des 18. Jahrhunderts.

In der Wallfahrtskirche befindet sich das verehrte Gemälde der Heiligelinde-Muttergottes, das aus Wilna (Vilnius) herbeigeholt wurde. Es stellt die Maria mit dem Kind dar.

Besondere Aufmerksamkeit verdient die Denkmalorgel, die im Jahre 1721 von dem Orgelmeister Jan Josue Mosengel aus Königsberg angefertigt wurde. Sie ist mit Skulpturen von Engeln, die auf verschiedenen Instrumenten spielen, verziert. Die Skulpturen als auch Glocken und Sterne, die in den Türmen untergebracht sind, die die Orgel bekrönen, werden während des Orgelspielens in Bewegung versetzt.

TARNAU

Tarnów erhielt die Stadtrechte im Jahre 1330. Zu dieser Zeit war die Stadt im Besitz des Woiwoden und Krakauer Kastellans Spycimir Leliwita (erster weltlicher Senator, Hüter der königlichen Krone und somit die zweitmächtigste Person nach dem König in Polen). Tarnów verblieb eine lange Zeit im privaten Besitz und wurde im 15. Jahrhundert zum Eigentum der Tarnauer Nachkommen von Spycimir. Die größte Entwicklung erlebte die Stadt im 16. Jahrhundert dank des Großhetmans der Krone Jan Amor Tarnowski. Er ließ das Verteidigungssystem der Stadt ausbauen und erließ Privilegien für Kaufleute und Handwerker, was zur Herrlichkeit der Stadt beitrug. Im 16. Jahrhundert gab es in der Stadt bereits eine Schule, eine Kalvinistische Kirche und eine Synagoge. Die Stadt geriet Mitte des 17. Jahrhunderts auf Grund von kriegerischen Auseinandersetzungen in Verfall. In der zweiten Hälfte des 19. Jahrhunderts kam dank der Bahnverbindung mit Krakau der erneute Aufschwung für Tarnów.

Zu den wichtigsten Baudenkmälern der Stadt gehört das im 14. Jahrhundert errichtete gotische Rathaus. Zwei Jahrhunderte später wurde es von dem italienischen Architekten Giovanni Maria Mosca aus Padua, genannt Padovano, im Renaissancestil umgebaut. In dieser Zeit wurde eine wunderschöne Attika mit Maskaronen hinzugebaut. In den 28 Nischen der Attika wurden Portäts der Familie Tarnowski untergebracht, die jedoch nicht bis heute überdauerten. Ein anderes wichtiges Baudenkmal ist die Heilige Maria Kathedrale, in der sich die Grabmäler der Familie Tarnowski und Ostrogski, die zu den bedeutendsten Renaissancekunstwerken in Polen und Europa gehören, befinden. Als das meist monumentale Renaissancegrabdenkmal gilt das mehrstöckige, knapp 14 Meter hohe Grabmal von Jan und Krzysztof Tarnowski. Ein interessantes und wertvolles Baudenkmal in Tarnów ist die Bima, der zentrale Ort der ältesten Synagoge der Stadt, in dem religiöse Zeremonien und Tora-Lesungen abgehalten wurden.

TATAREN-ROUTE

Bohoniki und Kruszyniany sind zwei kleine Dörfer in der Woiwodschaft Podlachien. Sie gehören zu den ältesten Zentren der Islamanhänger auf polnischem Gebiet. Laut einer Überlieferung wurden die umgebenden Landgüter den Soldaten des tatarischen Regiments für die Rettung des Lebens des polnischen Königs Jan III. Sobieski bei der Schlacht von Parkany im Jahre 1683 geschenkt.

Das tatarische Volk assimilierte sich an die in diesen Gebieten lebenden Polen, Weißrussen und Litauer. Bis heute leben in Polen ca. 4000 Menschen tatarischer Abstammung. Die Tataren haben die polnische Sprache übernommen, blieben jedoch ihren Traditionen und dem islamischen Glauben treu. Aufgrund von eingeschränkten Kontakten mit anderen Islamanhängern unterlag ihre Religion kleineren Umwandlungen. Man kann in ihr vorislamische und aus dem Christentum übernommene Elemente wiederfinden. In Bohoniki und Kruszyniany befinden sich Moscheen, in denen muslimische Feste, wie z.B. Ramadan Bayram, Kurban Bayram, Aschura und Mawlid al-Nabi gefeiert werden.

Unweit der Moscheen in Bohoniki und Kruszniany befinden sich moslemische Friedhöfe (die sog. Mizar). Die ältesten Grabsteine stammen aus dem 18. Jahrhundert. Die Friedhöfe sind ein Beleg der Polonisierung von Tataren und zugleich zeugen sie vom starken Bedürfnis, die eigene Identität zu bewahren. Die Grabsteinplatten wurden mit dem Halbmondsymbol des Islam und mit selten benutzten Beschriftungen versehen. Der Friedhof in Bohoniki ist eine der wichtigsten weiterhin unterhaltenen Nekropolen der Tataren in Polen.

Nur wenige Menschen wissen, daß die Polen den Tataren die Ulanentradition verdanken. Ulan war ein Titel, der aus tatarischem Adelsgeschlecht stammenden jungen, tapferen Männer. Um die Wende des 16. und 17. Jahrhunderts wurde in Litauen ein Tatarenregiment unter dem Namen „Ulanen-Regiment" aufgestellt. In der nachfolgenden Zeit wurde diese Bezeichnung bei den berühmten polnischen Armeeformationen angewandt.

DIE TATRA

Die Tatra ist der höchste Gebirgszug in der Bergkette der Karpaten. Ihre Fläche beträgt 785 km^2, wovon sich 25% auf polnischem Gebiet befindet. Der höchste Gipfel ist der Gerlach (dt. Gerlsdorfer Spitze, Gerlachspitze), der eine Höhe von 2655 Metern aufweist. Der höchste Gipfel Polens ist der Rysy (dt. Meeraugspitze) mit 2499 Metern.

In geologischer Hinsicht ist die Tatra ein junges Gebirge. Ihre Gestalt ist auf die Gletscherbewegungen und die Erosion zurückzuführen. In der Tatra befinden sich ca. 200 Seen, zum größten Teil der nachglazialen Abstammung. Der größte See ist Morskie Oko (dt. Meerauge) mit einer Fläche von 34,5 ha.

Das Klima in der Tatra ähnelt dem Alpenklima. Charakteristisch für hiesiges Klima sind die hohen Temperaturschwankungen bei Tage, plötzliche Wetterumschläge und hohe Bewölkung. Eine in der Tatra oft vorkommende Wettererscheinung, vor allem im Frühling und Herbst, sind die hurrikanartigen Föhnwinde, die sog. Halny-Winde.

Die größte Stadt am Fuße des Gebirges ist Zakopane, hin und wieder als Winterhauptstadt Polens genannt. Zakopane ist die höchstgelegene Stadt des Landes, mit ca. 30 Tausend Einwohnern, die eine Übernachtungsbasis für mehrere Hunderttausend Touristen im Jahr bietet.

Die Tatra gehört zu den schwerbezwingbaren und gefährlichsten Gebirgen Polens. Der Beginn des Tourismus wird auf das 16. Jahrhundert datiert. Die tatsächliche Entwicklung des Touristenverkehrs erfolgte erst im 19. Jahrhundert, als eine große Gruppe von Intellektuellen, tief entzückt von der Schönheit der Lanschaften und der hiesigen Volkskultur, sich in Zakopane niederließ. 1873 wurde die Tatra-Gesellschaft gegründet, um das Wissen über die Tatra zu verbreiten und die Entwicklung der Region voranzutreiben. Ihre Tätigkeit ermöglichte den Ausbau von Zakopane und bewirkte, dass viele Touristenrouten abgesteckt und Bergbauden (Herbergen) errichtet wurden.

DIE TATRA TAL DER FÜNF POLNISCHEN SEEN

Das Tal der fünf polnischen Seen ist eines der wertvollsten Gebiete des Tatra Nationalparks. Es ist eine Abzweigung des wunderschönsten und größten Tatratals – Tal des Flusses Białka. Das Tal der fünf polnischen Seen hat eine Länge von ca. 4 km und eine Fläche von 6,5 km^2. Im Tal befinden sich einige Gletscherseen, nach denen das Tal benannt wurde. Ihre Gesamtfläche beträgt 61 ha. Der größte See mit einer Länge von 1 km ist der Große Polnische See – Wielki Staw Polski, gelegen auf einer Höhe von 1665 m über dem Meeresspiegel. Seine Tiefe beträgt fast 80 m, was ihn zu einem der tiefsten Seen Polens macht.

Aus dem Großen See entspringt der Fluss Roztoka, der nahe der Seemündung den größten Wasserfall der Tatra bildet, der eine Höhe von ca. 70 m aufweist, und zwar die Siklawa.

Im Tal der fünf polnischen Seen befindet sich die höchstgelegene Herberge (Schutzhütte) im polnischen Teil der Tatra. Sie ist die einzige Herberge in Tatra, die man nicht mit dem Auto erreichen kann. Die derzeitige Herberge ist bereits das fünfte Gebäude, das im Tal erbaut wurde. Das erste Gebäude wurde 1876 auf Initiative der Tatra-Gesellschaft errichtet. Ende des Jahrhunderts entschloss man sich, ein neues Gebäude mit höherem Standard zu erbauen. Die gegenwärtige Herberge wurde 1954 errichtet, ein Holz- und Steingebäude, das harmonisch in die umgebende Landschaft eingebettet wurde. Auf Grund seiner Lage stellt das Gebäude einen perfekten Ausgangsort für zahlreiche Tatra-Wanderungen dar. Von hier aus kann man u.a. zum Meerauge (Morskie Oko) hingelangen – vorbei an Świstówka und Szpiglasowa Przełęcz, zu der Herberge am Fluss Roztoka – vorbei an den Wasserfällen Wodogrzmoty Mickiewicza, zu dem Gąsienicowa-Tal, an Zawrat-Paß, Kozia-Scharte und Krzyżne-Paß vorbei, als auch zum Gipfel Kozi Wierch sowie zu der Route Orla Perć.

DIRSCHAU BRÜCKEN

Im 13. Jahrhundert war Tczew die Hauptstadt des Herzogtums, in dem Sambor II. regierte. Bereits im Jahre 1258 wurde hier ein Stadtrat gebildet, die erste und somit die älteste Selbstverwaltung in Polen. Er wurde noch vor den Stadträten in Krakau und Breslau ins Leben gerufen. Hierzu sollte erwähnt werden, dass die Bildung des Stadtrates noch bevor das Stadtrecht der Stadt verliehen wurde (im Jahre 1260) erfolgte. Die Stadt entwickelte sich dank der Handelsroute und der Zollkammer an der Weichsel und konkurrierte mit Thorn und Danzig. In den hiesigen Hafen liefen Schiffe westlicher Kaufleute ein und in der Stadt funktionierte eine eigene Münzanstalt. Tczew wurde im Jahre 1577 durch einen Brand zerstört. Für eine lange Zeit geriet die Stadt in Verfall und erst nachdem die Bahnverbindung von Berlin nach Königsberg errichtet wurde, erlebte die Stadt einen erneuten wirtschaftlichen Aufschwung.

Mit dem Bau der Bahnstrecke ist die Entstehung eines der interessantesten Ingenieurdenkmäler in Polen verbunden – einer über die Weichsel errichteten Gitterträgerbrücke mit 6 massiven Pfeilern. Den Grundstein für die Bauarbeiten legte Friedrich Wilhelm IV. im Jahre 1857. Die Dirschauer Brücke war damals die längste Brücke in Europa – sie war 837 Meter lang. Jeder der Pfeiler war mit zwei Türmen bekrönt, die im neogotischen Stil anhand des Entwurfs von Friedrich August Stuler errichtet wurden. Der Oberbauleiter des ganzen Bauunternehmens war Carl Lentze. In den Jahren 1888–1890 wurde auf Grund des zunehmenden Verkehrs in einer Entfernung von knapp mehreren Dutzend Meter eine zweite Eisenbahnbrücke erbaut, wobei die erste in eine Straßenbrücke umgewandelt wurde. 1912 wurden beide Brücken um ca. 250 Meter in östlicher Richtung verlängert, was auch die Verschiebung des Flussdeiches mit sich brachte.

Während des 2. Weltkrieges waren beide Brücken von großer strategischer Bedeutung, weswegen sie auch schon am ersten Tag des Krieges gesprengt wurden, um die Umgruppierung der Wehrmacht zu verzögern. Man baute die Brücken in den 60-er Jahren wieder auf, ohne jedoch die alte Pracht wiederherzustellen. Der Berufsverband der Bauingenieure in den USA (ASCE) hat die Dirschauer Brücke als internationales Ingenieurbaudenkmal anerkannt.

THORN

Thorn gilt als die Stadt, in der sich nach Krakau die meiste Anzahl an gotischen Baudenkmälern, die die wichtigste architektonische Errungenschaft des mittelalterlichen Europa ausmachen, befindet. Die Bürgerhäuser aus den ersten Jahrhunderten seit der Gründung der Stadt sind ein Paradebeispiel eines der am besten erhaltenen Komplexes der Wohnbauarchitektur in diesem Teil Europas. Die oben aufgeführten Stadtcharakteristika und eine fast unveränderte räumliche Struktur der Stadt bewirkten, dass die Thorner Altstadt im Jahre 1997 von der UNESCO zum Weltkulturerbe erklärt wurde.

Thorn wurde vom Deutschen Orden zu Beginn des 13. Jahrhunderts gegründet. Die Stadt entwickelte sich dynamisch, da sie als eine zentrale Zwischenhandelsstadt vor allem für den Getreidehandel zwischen Südost- und Nordwesteuropa fungierte. Diese Tatsache hinterließ bis heute erkennbare Spuren in der Stadtarchitektur, und zwar in der großen Anzahl an Denkmal-Speichern. Die zentrale Rolle der Stadt bezüglich des Handels wurde schon bald auf Grund der Entwicklung von Danzig geschwächt. Nach einer kurzen Periode der wirtschaftlichen Krise erhielt Thorn im Jahre 1500 die Befugnis, eine Brücke über die Weichsel zu erbauen. Zu den damaligen Zeiten wurde der Handel vor allem auf großen Jahrmärkten betrieben. Dank der festen Brücke und somit einer „trockenen Flussüberquerung" wurde Thorn erneut von Kaufleuten aus ganz Europa aufgesucht.

Eine der wichtigsten mit Thorn verbundenen Persönlichkeiten ist der hier geborene Nikolaus Kopernikus. Das Haus an der Kopernik-Straße 15, in dem der berühmte Astronom im 15. Jahrhundert wohnte, ist bis heute erhalten geblieben.

Thron ist ebenfalls für seine Lebkuchen bekannt. Die Tradition der Backkunst von Lebkuchen reicht ins Mittelalter. Das Rezept war ein streng behütetes Geheimnis der Thorner Bäckermeister. Den größten Ruhm erlangte ein im Jahre 1778 für die Zarin Katharina vorbereiteter Lebkuchen, dessen Länge etwa 2 m betrug.

TYKOCIN

Tykocin ist ein kleines, dafür ein äußerst reizendes am Fluss Narew gelegenes Städtchen. Es stellt den ältesten und wunderschönsten urbanen Komplex von Podlasie dar. Tykocin nahm seinen Ursprung in der Gründung einer Grenzburg um das 10. Jahrhundert. Im 16. Jahrhundert baute Zygmunt Stary (Sigismund I. auch der Alte genannt) ein von den früheren Besitzern errichtetes Schloss aus und wandelte es in eine Festung, die über 6 ha umfasste, um. Im 17. Jahrhundert sprengten die Schweden einen Teil der Festung in die Luft. Sie wurde aber erst nach einem Brand im Jahre 1734 verlassen. Gegenwärtig wird das Schloss, das in private Hände überging, wiederaufgebaut.

Nach dem Zweiten Nordischen Krieg (in Polen auch die „Schwedische Sintflut" genannt) erhielt Stefan Czarnecki für seine Verdienste um das Land das Städtchen Tykocin samt der umgebenden Landesgüter. Zum nachfolgenden Eigentümer von Tykocin wurde Familie Branicki. Dank ihr konnte der Stadtverfall aufgehalten werden und Tykocin wurde bald zur „Barocken Perle". In den Jahren 1740–1750 wurde dank der Stiftung von Jan Klemens Branicki die Dreifaltigkeitskirche auf dem Hauptplatz der Stadt errichtet. Im Inneren sind noch Beichtstühle, Altäre, ein Taufstein und eine Kanzel aus dem Jahr 1750 erhalten geblieben. Die Wandpolychromien, angefertigt von Sebastian Eckstein, die den Innenraum schmücken, stammen aus dem Jahr 1749 und die bis heute noch funktionierende Orgel aus dem Jahr 1760.

1522 ließ man jüdische Bevölkerung in die Stadt einwandern. Im Jahre 1642 wurde hier eine Steinsynagoge errichtet, die damals als die zweitwichtigste Synagoge (nach der Krakauer Synagoge) der Republik galt. Zur Zeit befindet sich dort ein Museum, das die Denkmäler der jüdischen Kultur und die Andenken an die Prachtzeit Tykocins aufbewahrt. Der unweit gelegene und erhalten gebliebene jüdische Friedhof ist das älteste Objekt dieser Art in Polen.

Tykocin wurde auch als Ort der Stiftung der wichtigsten polnischen Auszeichnung – des Ordens vom Weißen Adler – berühmt. Das Ordenszeichen wurde im Jahre 1705 vom König August II. dem Starken gestiftet.

ALBENDORF DAS SCHLESISCHE JERUSALEM

Laut einer Legende aus dem 13. Jahrhundert gewann ein Blinder Jan aus Raszewo unter einem Lindenbaum, der an einer Stelle wuchs, an der gegenwärtig die Albendorfener Basilika emporragt, sein Sehvermögen wieder. Die Mutter Gottes mit Kind Jesu, über der ein Kreuz brannte, ist ihm damals erschienen. Die Nachricht von diesem Wunder verbreitete sich schnell, was den Andrang an Pilgern und die Entwicklung des Mariakultes verursachte.

Im 13. Jahrhundert wurde an der Stelle des wundersamen Ereignisses eine hölzerne Kapelle errichtet. 1677 begann der damalige Besitzer von Albendorf Daniel von Osterberg den Bau einer Kirche und eines Kalvarienberges. Die Kirche wurde jedoch auf Grund von Konstruktionsfehlern abgerissen. Der nächste Besitzer von Albendorf, Graf von Götzen ließ in den Jahren 1715–1720 ein Sanktuarium im barocken Stil erbauen und den Kalvarienberg ausbauen. Zur Zeit zählt er 80 Kapellen, 12 Tore und viele kleinere Kapellen. Um die Wende des 19. und 20. Jahrhunderts wurden beinahe alle Kapellen mit naturalistischen polychromierten Holzskulpturen ausgestattet.

Die Fassade der Wallfahrtskirche „Mariä Heimsuchung" knüpft mit ihren Ausmaßen an den Salomontempel in Jerusalem an – 50 m Länge und 45 m Höhe. Im Jahre 1724 wurde der Treppenbau vor der Fassade beendet – die Treppe zählt 57 Stufen. Die Zahl ist die Summe der Zahlen, die sich auf die Engelchöre (9), das Alter von Christus bei seiner Kreuzigung (33 Jahre) und das Alter von Maria zur Zeit der Empfängnis von Jesus (15 Jahre) beziehen. Albendorf knüpft auf verschiedene Art und Weise an die biblische Thematik an, z. B. der Bach, der durch das Dorf fließt, heißt Kidron und die umgebenden Hügel werden Tabor, Zion, Horeb und Golgota genannt. Deswegen wird Albendorf als „Schlesisches Jerusalem“ bezeichnet.

WARSCHAU ŁAZIENKI-PARK

Der Warschauer Łazienki-Park, genannt auch der Königliche Łazienki-Park, war im 18. Jahrhundert die Sommerresidenz des letzten polnischen Königs Stanislaus II. August Poniatowski. Damals lag der Park abseits der Stadt, wohingegen heutzutage er sich beinahe im Stadtzentrum befindet.

Die Anfänge des Łazienki-Parks reichen ins 17. Jahrhundert und knüpfen an den Bau des Ujazdowski-Schlosses an, das sich auf der anderen Seite der Agrykola-Sraße befindet. Das Schloss Ujazdowski wurde in der ersten Hälfte des 17. Jahrhunderts als königliche Residenz von Sigismund III. Wasa errichtet. Danach ging es in den Besitz vom Kronmarschall Stanisław Herakliusz Lubomirski über, der in dem unterhalb des Schlosses gelegenen Wäldchen zwei kleine Pavillons erbauen ließ – eine Eremitage und ein Badepavillon. Das Badepavillon wurde auf einer kleinen Insel im barocken Stil nach dem Entwurf von Tylman van Gameren errichtet. In seiner Mitte befand sich ein runder Saal mit Steinen und Muscheln ausgeschmückten Wänden, direkt im Zentrum stand ein Springbrunnen. Eben dieses von Lubomirski erbaute Badepavillon war namensgebend für die umgebenden Gebiete.

Im Jahre 1764 wurde Stanislaus II. August Poniatowski zum Eigentümer von Ujazdów, der sofort mit dem Ausbau der Residenz und des naheliegenden Parks begann. Eine neue fünf Kilometer lange Zufahrtsallee wurde abgesteckt, die später die urbanistische Anordnung dieses Teils von Warschau festlegte. Auf dem Parkgelände begann man neue

Gebäude zu errichten, u.a. das Weiße Haus, die Alte Orangerie als auch das Myślewicki-Palais. Auch das Palais auf dem Wasser wurde umgebaut (die Badeanstalt), wobei ihm der Charakter eines repräsentativen Palais verliehen wurde. Die Hauptentwerfer waren die Hofarchitekten des Königs – Dominik Merlini und Johann Christian Kamsetzer.

Zur Herrschaftszeit von Stanislaus II. August Poniatowski war der Łazienki-Park für alle Einwohner zugänglich. Hier funktionierte ein Theater, das sog. Theater auf dem Wasser für ungefähr 1000 Zuschauer. Während der Besatzung (siehe Teilungen Polens) ging der Łazienki-Park in den Besitz der russichen Zaren über.

Nach dem 2. Weltkrieg wurde der Łazienki-Park restauriert. Heutzutage ist er eine der größten und schönsten Parkanlagen Warschaus.

WARSCHAU WILANÓW

Die Geschichte des Palastes in Wilanów reicht in das Jahr 1677 zurück, als das Dorf Milanów, ein Warschauer Vorort, in den Besitz von Jan III. Sobieski überging. Gemäß der damals herrschenden Mode (in Anknüpfung an die antike Tradition) wurde der Name in Villa Nova geändert. Im Laufe der Zeit wurde der Name polonisiert und so entstand Wilanów.

Das erste Gebäude, das auf Befehl des Königs errichtet wurde, war ein einstöckiges Gutshof nach dem Entwurf des Hofarchitekten von Jan III. Sobieski – Agostino Locci. Bald danach begann man mit dem Umbau des Gutshofes zu einer des Monarchen der Republik würdigen Residenz. In Folge des Umbaus, vollbracht in den Jahren 1677–1696, entstand ein Bauwerk mit den Merkmalen eines Fürstenhofes, einer italienischen Villa und eines französischen Palastes im Stile Ludwigs XIV. Neben der Ziercharakterzüge erfüllte die Außen- und Innenausstattung der Residenz auch eine Propagandafunktion – sie sollte den König glorifizieren. Der Grundkörper des Palastes ist mit Reliefs, die schlachtenmalerische Szenen, Szenen der Königwahl und Szenen der Krönung zum König darstellen, als auch mit Figuren altertümlicher Gottheiten, welche die Charaktereigenschaften des Besitzers von Wilanów symbolisieren, geschmückt.

Der Palast ist von wunderschönen Gärten, die in die Umgebung des Wilanowski-Sees und des Służewiecki-Baches eingebettet sind , umgeben. Die Gärten wurden in verschiedenen Stilen angelegt, z.B. als zweistöckiger Barockgarten, als Englischer Landschaftsgarten, als Neorenaissance-Rosengarten und als Landschaftspark im englisch-chinesischen Stil.

Nach dem Tod von Sobieski ging der Palast in die Hände von Elisabeth Sieniawska über, der Stifterin der Seitenflügel der Residenz. Danach erbten den Palast die Magnatenfamilien Lubomirski, Potocki und zuletzt Branicki, in deren Besitz Wilanów bis 1944 blieb.

Der Palast- und Parkkomplex in Wilanów ist eines der wertvollsten Denkmäler der polnischen Kultur und eines der wunderschönsten Barockdenkmäler in Europa. Gegenwärtig ist Wilanów ein Ort, wo viele kulturelle Ereignisse stattfinden und eine Stätte der Erholung für die Warschauer.

WIELICZKA SALZGRUBE

Die unter Denkmalschutz stehende Salzgrube in Wieliczka ist das einzige Bergwerk auf der ganzen Welt, das seit dem Mittelalter ununterbrochen in Betrieb ist. Die Abbauräume der Salzgrube haben eine Länge von ca. 300 km und erstrecken sich auf neun Ebenen, deren Tiefen bis zu 327 m betragen. Da die Salzgrube in Wieliczka ein Beispiel der Entwicklung von Bergbautechnik in einzelnen geschichtlichen Etappen darstellt, wurde sie in die UNESCO-Welterbeliste als eines der ersten 12 Objekte aus der ganzen Welt aufgenommen.

Die Salzgrube in Wieliczka bildete schon seit dem Mittelalter die ökonomisch-wirtschaftliche Basis des Staates. Das Salz war ein teueres Gut, oftmals als Zahlungsmittel genutzt. Man schätzt, dass im 14. Jahrhundert die Salzgruben ca. 1/3 aller Einnahmen beim Fiskus einbrachten, das königliche Hof unterhielten und den gesamten Schlossbau finanzierten.

Im 19. Jahrhundert schenkte man den heilenden Eigenschaften der Solebäder Aufmerksamkeit und eröffnete die erste Badeanstalt in Wieliczka. Derzeitig funktioniert die Heilungsanstalt, in der vor allem Atemwegeerkrankungen behandelt werden, in einer Tiefe von 135 m.

Zu den bekanntesten Räumen in der Salzgrube gehört der größte unterirdische Tempel der Welt – die Hl. Kinga Kapelle, die 54 m lang ist, 10 m hoch und 15 m breit. Errichtet wurde sie im Jahre 1896 in einem der Abbauräume, nachdem die Gewinnung der grünen Salzscholle beendet wurde. Die Ausschmückung wurde von Bergmännern-Bildhauern angefertigt, die aus Salzschollen Altäre, Skulpturen von Heiligen und Bergmännern als auch Reliefs, in denen Szenen aus dem Neuen Testament dargestellt werden, gehauen haben. Zu den anderen interessanten Räumen gehören u.a.: die älteste erhaltene unterirdische Kapelle – die Hl. Antonius Kapelle aus dem 17. Jahrhundert, und die höchste (50 m hoch) Kammer – die Stanislaw Staszic Kammer.

SZYB DANIŁOWICZA

WIGRY

Der ehemalige Klosterkomplex der Kamaldulenser stellt eines der wunderschönsten Denkmäler in der Sudauer-Region um die Stadt Suwałki (Sudauen, Suvalkija) dar. Das Gebiet, auf dem diese Bauwerke emporragen, war ursprünglich eine Insel, die durch einen schmalen Engpass vom Land getrennt gewesen war. Dies bildete den perfekten natürlichen Schutz. Deswegen wurde die Insel im Frühmittelalter von dem Stamm der Jatwinger bewohnt.

Im Jahre 1667 übergab König Johann II. Kasimir den Wigrysee und die umgebenden Urwälder dem Kamaldulenserorden. Die angekommenen Mönche begannen sofort mit dem Bau von einer Kirche und Wohn- und Wirtschaftsgebäuden. 1671 wurden die zu der Zeit erbauten Bauwerke bei einem Brand zerstört. Die Kamaldulenser machten sich rasch und schwungvoll an den Wiederaufbau des Klosters. In den Jahren 1694–1745 wurde anhand des Entwurfs von Pietro Puttini eine barocke Kirche der „Unbefleckten Empfängnis der Heiligen Maria" mit kunstvoller und reicher Innenausstattung errichtet.

Der Einzug der Kamaldulenser führte zu einer schnellen wirtschaftlichen Entwicklung dieser Region. Die Mönche errichteten Mühlen, Kienbrennereien und Bierbrauereien. Sie betrieben sogar Zeidlerei, d.h. Bienenwirtschaft. Infolge einer geschickten Verwaltung ihrer Güter in der zweiten Hälfte des 18. Jahrhunderts, befanden sich in ihrem Besitz die Stadt Suwałki, 11 Gutshöfe, 56 Dörfer, 6 Mühlen und 404 Zeidlereien.

Im Jahre 1796 beschlagnahmten die preußischen Behörden das Besitztum der Kamaldulenser und einige Jahre später vertrieben sie die Mönche aus der Gegend um Wigry. Bis heute kursieren Legenden über versteckte Schätze in den riesigen unterirdischen Gängen unterhalb des Klosters. Ohne Dach über dem Kopf fanden die Kamaldulenser Zuflucht bei ihren Brüdern in den Warschauer Bielany.

Nach dem Verlassen des Klosters begannen die Bauwerke zu verfallen. Die ersten soliden Wiederaufbauarbeiten wurden erst in der Zwischenkriegszeit durchgeführt. Während des 2. Weltkrieges wurden die Gebäude jedoch wieder zerstört. Gegenwärtig wird das ehemalige Kloster wiederaufgebaut und stellt eine touristische Visitenkarte der nordöstlichen Region Polens dar.

BRESLAU

Breslau ist eine der ältesten und größten Städte Polens. Die Stadt wurde höchstwahrscheinlich zu Beginn des 10. Jahrhunderts von dem böhmischen Herzog Vratislav I., von dem sie auch ihren Namen erhielt, gegründet. Ende des 10. Jahrhunderts kam Breslau unter die Hochheit der Piasten. Als offizielles Gründungsdatum der Stadt gilt das Jahr 1000, als in Breslau das erste Hochstift (Bistum) entstand.

Im Mittelalter erhielt die Stadt mehrmals das Magdeburger Stadtrecht verliehen. Während eines Mongoleneinfalls im Jahre 1241 wurde Breslau verlassen und niedergebrannt. Nach der Rückkehr baute man die Stadt wieder auf, wobei ein neuer Marktplatz und ein neues Straßennetz abgesteckt wurden. Bald darauf bekam die Stadt erneut das Magdeburger Stadtrecht verliehen. Im 15. Jahrhundert brach die Stadt alle Beziehungen zum Königreich Polen ab und begann einen Wirtschaftskrieg gegen die Königsstadt Krakau zu führen. 1741 geriet Breslau unter die Herrschaft von Preußen und erhielt bald darauf, nach Berlin und Königsberg, den Status der Königlichen Haupt- und Residenzstadt. Während des 2. Weltkrieges wurde Breslau von der Wehrmacht zur Festung erklärt und im nachhinein länger als Berlin verteidigt. Die Kriegshandlungen führten zur Zerstörung von 70% aller Bebauungen.

Trotz der Kriegsschäden sind viele wertvolle Baudenkmäler erhalten geblieben bzw. wiederaufgebaut worden. Besondere Aufmerksamkeit verdienen das gotische Rathaus, die zahlreichen Kirchen, wie z.B. die Kathedrale Johannes des Täufers – der sog. Breslauer Dom und die Stiftskirche zum Hl. Kreuz, der neogotische Hauptbahnhof sowie der Gebäudekomplex der Breslauer Universität samt der repräsentativen barocken Aula Leopoldina. Ein interessantes Baudenkmal ist auch die in die Liste des UNESCO-Weltkulturerbes aufgenommene Jahrhunderthalle (Volkshalle), die zu Beginn des 20. Jahrhunderts als ein Ort für Massenveranstaltungen erbaut wurde. Zu der Bauzeit war die Halle eine innovative Konstruktion, die die größte Kuppel aus Stahlbeton besaß. Die Volkshalle, damals als Jahrhunderthalle bezeichnet, wurde mit der Absicht entworfen, Raum für 10000 Menschen zu bieten.

Interessant erscheint auch die Tatsache, dass das an der Oder liegende Breslau in Anbetracht der Anzahl von Brücken und Stegen den vierten Platz in Europa einnimmt. Diesbezüglich wird Breslau nur von Amsterdam, Venedig und Sankt Petersburg übertroffen.

DOM KSIĄŻKI
SKOK

ZALIPIE DAS „BEMALTE DORF"

Zalipie ist ein kleines Dorf im südöstlichen Teil Polens, das zu einer interessanten ethnografischen Sehenswürdigkeit und zu einer legendären Ortschaft wurde. Das Dorf wurde zu Beginn des 20. Jahrhunderts berühmt, zu der Zeit als allgemeines Interesse an der volkstümlichen Kultur herrschte. Dies geschah dank Władysław Hickel, bei dem ein Junge aus der Umgebung von Zalipie Dienst antrat. Dieser Junge brachte nämlich einen handbemalten Wandbehang als Geschenk von seiner Familie für Hickel mit. Der von dem Behang begeisterte Hickel beschloß daraufhin, den Entstehungsort zu erkunden. Später veröffentlichte er seine Beobachtungen in der Zeitschrift „Lud" (zu deutsch Volk). Die Sammlung der volkstümlichen Kunstwerke, die er mitbrachte, erweckte allgemeines Interesse.

Der Brauch, die Bauernhöfe zu bemalen, ist mit dem Verschwinden der Cottages und der Einführung moderner Heizöfen verbunden. Bis zu dieser Zeit wurden die vom Ruß verschmutzen Häuser mit Kalk getüncht, um die Innenräume zu erhellen. Dieser Brauch gab höchstwahrscheinlich den Anfang der Innenausschmückung der Häuser mit einfachen Wandmalereien, die z.B. Pflanzenformen darstellten. Mit der Zeit fing man an, nicht nur die Innenräume auszuschmücken, sondern auch die Außenwände von den Wohnhäusern und von anderen Bauernhofgebäuden mit Ornamenten zu verzieren. Bei der malerischen Thematik überwogen vor allem geometrische und pflanzenartige Motive. Als Farbstoffe dienten meistens Kalk, Lehm und Ruß.

Um diese langsam schwindende Tradition der Häuserbemalung aufrecht zu erhalten wurde 1948 ein Wettbewerb veranstaltet, bei dem die Malerinen aus der ganzen Region des Weichsel-Dunajec-Zwischenstromgebietes teilnahmen. Dank der charismatischen Künstlerin Felicja Curyłowa wurde Zalipie zur Visitenkarte der Region und erhielt die Bezeichnung des „Bemalten Dorfes". In den 70-er Jahren wurde hier „Haus der Malerinen" gegründet, in dem die Tradition der Hausverzierung fortgeführt wird und neue Generationen volkstümlicher Künstlerinnen herangebildet werden.

ZAMOŚĆ

Zamość wurde 1578 von dem Großkanzler und Großhetman der Krone Jan Zamoyski gegründet und erhielt 1580 die Stadtrechte. Die Stadt wurde nach den Vorstellungen des italienischen Architekten Bernardo Morando entworfen. Sie wurde anhand eines komplexen und an die Bedürfnisse eines multifunktionalen Zentrums angepassten Plans errichtet. Zamość sollte eine „ideale Stadt" werden und wurde daher als ein Familiensitz, eine Festung, ein Ort der Gerichtsbarkeit und des Handels, ein Bildungzentrum und ein religiöses Zentrum mehrerer Konfessionen entworfen. Mitte des 17. Jahrhunderts hielt die Festung Zamość den Angriffen der schwedischen Armee und der kosakischen Truppen von Bohdan Chmelnyzkyj stand. Später büßte die Stadt an ihrer Bedeutung ein. Im Jahre 1821 verkaufte die Familie Zamoyski ihre Privatstadt an den Staat, der Zamość ausbauen und befestigen ließ. Die Festung Zamość spielte eine wichtige Rolle bei dem Novemberaufstand von 1830.

Zamość wird oftmals als Renaissanceperle oder Padua des Nordens bezeichnet, da sie über viele Baudenkmäler aus der Zeit ihrer größten Blüte verfügt. Die bis heute unveränderte architektonische Grundkonzeption der Altstadt bewirkte, dass Zamość in die Liste des UNESCO-Welterbes eingetragen wurde. Zu den wichtigsten Baudenkmälern gehören: die in den Jahren 1587–1598 errichtete Kathedrale (Kollegiatskirche) und das charakteristische Renaissance-Rathaus, an das in der zweiten Hälfte des 18. Jahrhunderts eine spätbarocke Freitreppe hinzugebaut wurde, die mit einem breiten Bogen zum Marktplatz führt. Der Marktplatz mit den Ausmaßen 100 x 100 m stellt ein urbanistisches Meisterwerk dar. Besondere Aufmerksamkeit verdienen auch die Bürgerhäuser mit Bogengängen, die nach Art der Renaissancehäuser italienischer Städte vom Bernardo Morando entworfen wurden. Zu weiteren interessanten Bauwerken zählen ebenfalls: das Gebäude der ehemaligen Zamoyski Akademie, die Synagoge, die Stadttore und der Komplex der Festungsanlagen.

Fotoverzeichnis